思维导图

初二学科高效学习手册（微课版）

毛昕辰 郝智强 主编

清华大学出版社
北京

内 容 简 介

本书的主要内容是初二年级历史、道德与法治、地理、生物、语文、数学、物理7个科目的思维导图。我们将一个科目一学期100页左右的课本，用思维导图的形式梳理结构，浓缩精简，归纳成5~10张思维导图，简洁明了，重点突出，逻辑清晰，可以帮助学生更高效地理解、记忆及复习所学知识。

本书封面贴有清华大学出版社防伪标签，无标签者不得销售。
版权所有，侵权必究。举报：010-62782989，beiqinquan@tup.tsinghua.edu.cn。

图书在版编目(CIP)数据

思维导图初二学科高效学习手册：微课版/毛昕辰，郝智强主编. —北京：清华大学出版社，2022.8(2024.3重印)
ISBN 978-7-302-60689-5

Ⅰ.①思… Ⅱ.①毛…②郝… Ⅲ.①课程—初中—教学参考资料 Ⅳ.①G634

中国版本图书馆CIP数据核字(2022)第069350号

责任编辑：石 伟
封面设计：钱 诚
责任校对：周剑云
责任印制：杨 艳

出版发行：清华大学出版社
网　　址：https://www.tup.com.cn, https://www.wqxuetang.com
地　　址：北京清华大学学研大厦A座　　邮　　编：100084
社 总 机：010-83470000　　邮　　购：010-62786544
投稿与读者服务：010-62776969，c-service@tup.tsinghua.edu.cn
质量反馈：010-62772015，zhiliang@tup.tsinghua.edu.cn
课件下载：https://www.tup.com.cn, 010-62791865

印 装 者：小森印刷霸州有限公司
经　　销：全国新华书店
开　　本：210mm×285mm　　印　　张：13.25　　字　　数：313千字
版　　次：2022年9月第1版　　印　　次：2024年3月第3次印刷
定　　价：69.00元

产品编号：095061-01

推荐序

序一

毛昕辰女士打电话给我，说她的三本初中学习指导书《思维导图初一学科高效学习手册》《思维导图初二学科高效学习手册》和《思维导图初三学科高效学习手册》即将出版，希望我写个序。

认识昕辰女士的时间并不长，我在与昕辰女士的交往中，得知她在从事思维导图的教学工作，主要应用于应试者的高效学习以及管理者的高效工作中。昕辰女士的受众群体，是孩子、学校老师、家长以及不同领域的管理者，年龄跨度为8岁到60岁。

我参观过他们的公司和工作室，并和他们座谈，了解了他们多年从事思维导图教学及运用的丰硕成果。

尤其使我难忘的是，她运用思维导图这个思维工具，结合多维度的教学理念，培养了一个智力超常的儿子，他当时是广东省小学六年级的学生（现在是初一学生了）。2021年6月，他获得广东省"新时代勤学好少年"的称号。在和他的交谈中，我发现这个孩子的智商、思维能力，和我接触过的中国科技大学少年班的学生非常相似。

我之所以谈到这一点，是因为我在想：家长对思维导图的熟悉，会有利于孩子思维能力的拓展，因为家长引导孩子的思维方式，决定孩子看待问题的高度和解决问题的能力。这是思维导图的核心作用之一。

至于如何使用思维导图，如何读图，如何结合学校的教材使用，教师如何利用思维导图进行课堂教学，学生如何利用思维导图进行课程学习和复习，在本书中都有详细的解说，这里就不再赘述。

综上所述，我很愿意写这个"序"，向广大读者推荐这三本书。

司有和
2021年11月3日于合肥报业园

附：司有和，教授，博士生导师。1969年毕业于中国科学技术大学，留校任教。1993年起享受国务院特殊津贴。1998年因人才引进调入重庆大学，2010年在重庆大学退休。中国科学技术大学创办少年班的直接参与者之一，国内知名的少年班研究资深学者，中国科技写作学的奠基者、创始人。因其在家庭教育领域的成果，1996年获得全国妇联、国家教委联合颁发的"全国家庭教育工作园丁奖"和"全国家庭教育工作先进个人"的称号。

序二

随着思维导图在校园中的普及和应用，思维导图近些年在学科教学中取得了较好的使用效果，让越来越多的学生通过系统梳理知识结构，高效掌握了各科知识点，进而提升了学习能力。"思维导图初中学科高效学习手册"系列图书就是多位学科教师将众多知识点、考点以思维导图的形式呈现的，里面不乏趣味性的解题过程和实用性的归纳总结。期待本套书对学习者起到提高学习效率的作用。

世界思维导图锦标赛"百城千校"项目负责人——梅艳艳

序三

　　思维导图能将众多的知识通过联想连接起来，使大脑有效地分析和保存，进而实现知识的融合、跃迁及创新。作为思维导图的实践者和受益者，我认为它是跨越式提升思考力和记忆力的思维工具，值得向所有学习者推荐。

　　毛老师团队潜心研发的"思维导图初中学科高效学习手册"系列图书，无疑将中学生的学科学习引入了高效的快车道，更通过具体的示范，使学生循序渐进地掌握了这个使他们受益终生的思维工具。

董丽霞，法学博士，执业律师

序四

　　"工欲善其事，必先利其器。"中学生的学习科目繁多，知识体系繁杂，要识记的知识量大，学习任务繁重，高效的学习方法和高品质的学习工具是其高效学习的保障。

　　思维导图有利于学生对其所学习的学科知识进行全方位和系统性的描述与分析，有助于他们对所学习的问题进行深刻的和富有创造性的思考。学生一旦掌握了这种方式，就可以在短时间内提高自己的思考能力和思考水平，挖掘出自己的思考潜力。

　　作为一名语文教师，我二十多年的语文教学实践可分为学习思维导图前、后两个阶段。我在掌握了思维导图这一工具后，语文知识体系的构建能力大大提升，引导并深化学生的阅读能力和写作能力方面的效率也大大提高。同样地，学生学习思维导图后，学习效率也迅速提升，这主要体现为他们对所学科目有了宏观的把握和理解，也就是他们能站在更高的层面上去俯览自己所学的科目，不仅对板块知识的脉络了然于胸，对学科重、难点的剖析也更加深入、全面，这种对知识的掌控感，让他们有了"会当凌绝顶，一览众山小"的畅快与自信。

　　"思维导图初中学科高效学习手册"系列图书是一套关于思维导图的绘制与运用的高品质的图书，不仅对学科知识进行了系统的梳理，同时也给学生提供了一个运用思维导图构建学科知识体系的模板。对奋斗在书海与题海中的莘莘学子来说，它不仅是对学科知识的重组再现，更是高品质学习思维提升的阶梯，值得拥有。

窦彩丽

　　附： 窦彩丽，一个深耕语文教学22年的语文老师，曾荣获广州市"优秀教师"和广州市"优秀班主任"的称号，在经典教学、诗歌教学等方面有自己独特的视角和实践。

序五

　　世界是公平的，最终能够解决问题的方法都来源于自身。在我考入北京大学以后，我似乎明白了这个神奇的真理——从小到大几乎没有上过课外补习班的我，正是因为摸索出了一个适合自己的学习方法，并且与各科的学习融会贯通，才能以最小的成本得到了最大的收益，而这个学习方法也不是什么武林秘籍，而是老生常谈的思维导图法。

　　思维导图的神奇之处在于，当你在构筑这些逻辑链条时，你就已经将书上的知识内生化了。举个例子，如果将学习比作做菜，上课或者上补习班就好像你作为一个实习厨师，在看主厨展现高超的厨艺，最终你观摩了全过程，看到了让你垂涎欲滴的菜品，但实际上你得到什么真传了吗，很难说。但绘制思维导图的过程，就是让你品尝那份菜肴的过程，你只有自己品尝过了，才能记住菜肴味道，才能有机会复制或者超越这道菜肴，可见，绘制思维导图是掌握学习"这道菜"的第一步。

　　如果有第二步的话，就是要懂得做一个"有品位"的人——绘制思维导图的方式也同样重要。思维导图有很多种，我们需要做的，就是去寻找那种自己喜欢、适合自己和自己能坚持的思维导图，同时构建一个富有逻辑感、层次感和内容感的逻辑框架。我一直是一个记忆力很差的人，但是有了思维导图的逻辑推导，我也能快速记忆知识点和内容，而且我的记忆是有逻辑性的，所以记忆往往更加持久和深远。

　　我一直觉得，学习是有捷径的——好的学习方法，它能帮助你用最小的成本得到最大的收益。与其疯狂地在课外灌输知识，不如选择用更短的时间去学习一个技巧或方法，然后用空余的时间感受生命的美好，做自己喜欢的事情，方能不辜负自己短暂的青春。

张芹瑜
2021年10月30日

　　附：张芹瑜，2020年高考以广东省第21名的成绩考入北京大学，就读国际关系专业。她善于用思维导图方法学习，在人才济济的北京大学，大学一年级第二学期就以优异的成绩获得北大奖学金。

第1课 思维导图概述

 第2课 思维导图作用

 第3课 思维导图的读图和绘制方法

 第4课 思维导图的两种思维形式

 第5课 思维导图如何提炼关键词

 第6课 思维导图书的使用说明与注意事项

 第7课 思维导图归纳知识点的流程

 第8课 思维导图梳理知识点演练

 第9课 如何用思维导图归纳史地政生知识点

 第10课 如何用思维导图总结数理化知识点

 第11课 如何用思维导图梳理文言文

 第12课 如何用思维导图构思作文

前 言

　　思维导图是将放射性思考可视化的图形思维工具，是英国教育家托尼·博赞在20世纪60年代提出的。思维导图利用大脑记忆与思维的规律，运用图文并重的技巧，将抽象的思维变成可视的思维，将零散的点变成系统的网。它既可以呈现思维过程，构建知识网络，是做归纳与总结的良好工具，又能够由点到面，拓展思维广度，是思维发散、创意思考的良好工具。

　　将思维导图应用在学科学习中，对提高学生的思维品质、学习效率及学习成绩有显著的作用，具体体现在以下几点。

　　(1) 思维导图将知识点按照逻辑关系有层级地呈现出来，在这个过程中，可以让学生厘清知识点之间的关系，加深对知识的理解，让学生的知识体系结构化、系统化。长期坚持使用思维导图，可以增强学生思维的逻辑性和全局性。

　　(2) 思维导图运用图文并茂的形式，用图形、线条、色彩建立起链接。图形可以将抽象变形象，加深学生对主题和内容的印象。线条的作用类似于大脑的神经元，将相关节点联系起来，让大脑更直观地发现内容之间的关联性。不同的颜色可以将不同板块的内容区分开，同时刺激大脑，提高大脑的兴奋度，集中学生的注意力。这些特点，让思维导图具有直观、易于比较、便于记忆的优点。这也是思维导图越来越受欢迎的原因之一。

　　(3) 著名数学家华罗庚先生曾经说过"人读书先是由薄到厚，再由厚到薄"。本书思维导图中的文字内容主要是用关键词来表示，而一些概念性的或不能删减需要完整表述的内容，则使用比较精简的短句，力求做到最简。去除了原文中修饰性的或补充性的非关键性内容，只保留了主要部分，化繁为简，把握精髓，所以往往一章节几十页的文字内容，一张思维导图就能全部概括。

　　运用关键词，最直接的作用就是大大减少了记忆的信息量，在复习时，能大幅提高效率。但关键词的作用，远不止于此。

　　在使用思维导图时，我们提倡一个方式是"关键词自己记，非关键词自己说"，核心的关键点当然要牢牢记住，这个是掌握知识的最基本要求。当关键点记住之后，那些修饰性的或补充性的非关键性内容，可以自己用自己的语言补充。所以，学生在使用思维导图学习时，不用再被动地、机械性地记忆书中一串串长长的句子，而是积极地对关键词的内容进行分析、加工和联想。长期坚持，可以提高学生组织和陈述知识的能力，这在考试和未来人生发展中，都是一种非常重要的能力。

　　(4) 在学完一节课或一章节的内容后，将一章节的内容绘制成思维导图，在这个过程中，可以检测学生对知识点的理解程度。学生如果能够顺畅地把思维导图绘制出来，而且思路清晰，逻辑严密，就说明知识点理解得比较好。如果不能完整地绘制出来，那就说明对知识点理解不够，需要及时查漏补缺。现在有很多教师，在教完学生一章节的内容后，布置的作业就是让学生绘制一章节的思维导图，其目的就是引导学生进行自我检测和评估学习质量。当然，就算教师没有布置这项作业，学生也应该养成习惯，这对于提高学生的学习品质，是很有利的。

　　(5) 思维导图发散性的特点，有拓展思维广度的作用，这一点非常有利于我们做创意性的思考。例如，用在学生写作文时，我们把作文主题作为思维导图的中心，然后发散出相关内容，形成文章的基本结构，最后再具体行文。思维导图具有呈现思维过程的作用，我们可以通过所绘制的思维导图，检视自己的行文思路，并及时修正，让作文结构严谨有序。与传统的线性提纲相比，思维导图还可以节省书写提纲的时间，所以建议学生在写作前，绘制一个简易的思维导图，以达到有章有法、节省时间的目的。

　　思维导图是一个学习工具，更是一种训练思维品质、激发思维潜力的学习方式。学生一旦真正掌握了这种方法，无论是在当下的学习还是在未来的人生中，都将获益良多。

前文讲了这么多，您一定看得有些累了。实践出真知，现在我们就用思维导图总结一下前文所表达的观点。上千文字的核心观点，就在下面的这张图里，这就是思维导图的魅力所在。

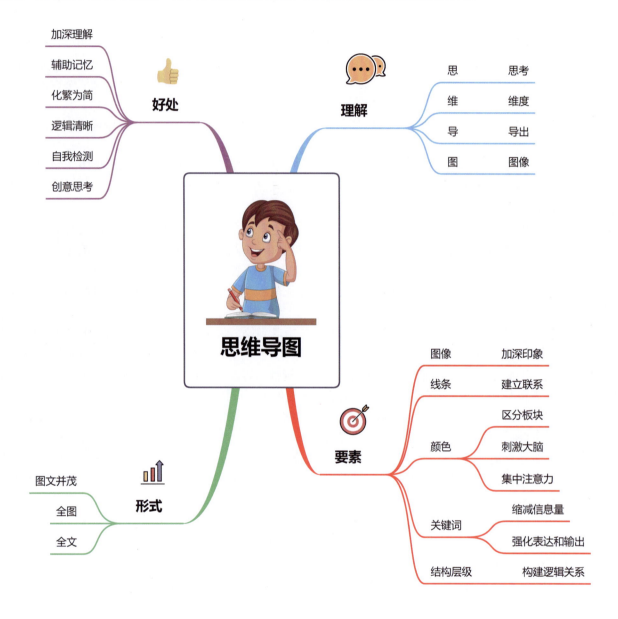

使用说明

1. 如何阅读思维导图

思维导图最主要的作用是将学习内容化繁为简、重点突出、层次分明、逻辑清晰。中心主题是思维导图的核心，位于导图的最中心。读图原则是从中心主题到主干再到次要分支。绘制思维导图要按照顺时针方向，因此，阅读思维导图也应遵循顺时针方向。思维导图讲究系统性，它的每一层级都有必然的联系，以节点为分界，所以，跳跃读图可能会出现思路混乱的情况。当然，如果对思维导图理解到一定程度，为了节约时间，也可以适当跳跃读图。

特别注意：一般的思维导图是360°向四周发散。本书的思维导图，大多数是为了适应版式要求，让字体更大，分支偏向右侧，没有向360°发散。同学们自己画图时，可以自行修改成向四周发散的思维导图。

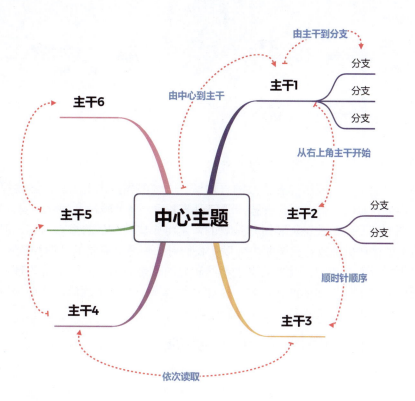

2. 如何绘制思维导图

下面我们直接用一张思维导图来告诉大家如何绘制思维导图，相信聪明的你，看完这张图后，应该就知道如何绘制思维导图了。当然，知道了思维导图的绘制方法，并不意味着立刻就能绘制好一张思维导图，理论到应用之间，还隔着大量的练习和实践，只有真正动手去做，用大脑去思考，才能把理论知识变成自己的实际技能。

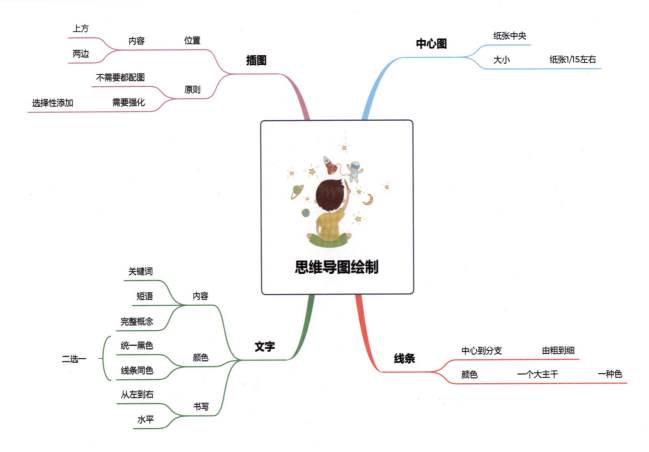

3. 使用这本思维导图书，是否还需要看课本

在这里，引用著名数学家华罗庚先生说过的一句话"人读书先是由薄到厚，再由厚到薄"。我们先要输入充足的信息，知道其前因后果、来龙去脉，深刻理解之后，才能输出和简化信息。

书中的思维导图大都是运用关键词和短句呈现的，是将原文精简后的重点内容，但这并不代表课本的原文是没用的。原文的描述更细致、更全面，可以让我们对知识有更完整的理解和认识。

我们如果没有阅读过原文内容，就直接看老师绘制好的思维导图，可能会难以理解或出现理解偏差。所以，同学们需要结合课本，先阅读课本内容，对课本内容有一定的了解后，才能知道为什么要这样安排逻辑关系，才能更好地理解这些关键词和短句背后的内容联系。

4. 是直接用书本里面的思维导图，还是自己动手绘制

"是直接用书本里面的思维导图，还是自己动手绘制"比较理想的解决方式，当然是自己绘制。自己绘制，需要学生自己动脑动手，整个过程都是自己去完成的，无论是对知识的理解、记忆，还是对思维及绘制技术的锻炼，都会更有利。

也有很多学生会面临一些现实的问题，一是因为学习时间紧张，没时间绘制思维导图；二是对知识的理解不够深入，现有的能力还不能清晰完整地把思维导图绘制出来；三是没有系统学习过与思维导图相关的知识，不知道如何正确绘制思维导图。所以，我们可分为以下两种情况来分析这个问题。

对于时间充足、有能力自己绘制思维导图的同学，可以先阅读课本，思考分析后，自己绘制，绘制完之后，再参考我们的思维导图书，检查修正。

对于时间不够、不能正确绘制思维导图的同学，可以先阅读课本文字内容，思考知识的结构，再使用本书中的思维导图帮助自己做归纳梳理和记忆。

当然，本书提供的思维导图不是唯一的答案，思维和思考的海洋浩瀚无边。你也可以根据自己的理解和思考去绘制思维导图，也许你会有更好的思维和总结方式。

5. 怎么正确地使用思维导图

一些学生听说思维导图对学习很有帮助，就开始兴致勃勃地绘制思维导图，但绘制完之后就将其弃之一边，以为这样就一劳永逸了。如果这样做，结果肯定会事与愿违。思维导图对于学习成绩的提高确实有显著的作用，但一定是建立在正确的使用方法之上的。

学生使用思维导图帮助自己加深理解时，首先看思维导图的框架，按照这个思维脉络，用自己的语言，结合导图里面的关键词和短句，将这个章节的内容在大脑里过一遍，也可以讲给其他同学听。如果学生能够清晰顺畅地讲出来，就说明他的思路是清晰的，对这章的知识点已经基本掌握了。

学生使用思维导图辅助自己记忆时，在记住核心点之后，要脱离思维导图，凭着自己的理解和记忆，将内容讲一遍或在大脑里回忆一遍，检测自己思路是否清晰，是否都已记住。

思维导图还可以用于复习、自我检测、构思作文等。学习者不管将其用在哪个方面，都需要使用正确的方式。

更多关于思维导图使用的方法，我们在本书所配备的视频讲解里，还会有更详细的讲解，并会挑选一些实例，将整个学习过程演示给使用者。同学们可以观看学习。

编 者

八年级数学中考练习题汇编

读者福利获取方式

目 录

历 史

八年级上册《历史》思维导图……………………3

  第一单元　中国开始沦为半殖民地半封建社会………3

  第二单元　近代化的早期探索与民族危机的加剧………4

  第三单元　资产阶级民主革命与中华民国的建立………6

  第四单元　新民主主义革命的开始………8

  第五单元　从国共合作到国共对立………10

  第六单元　中华民族的抗日战争………12

  第七单元　人民解放战争………15

  第八单元　近代经济、社会生活与教育文化事业的发展………16

八年级下册《历史》思维导图……………………17

  第一单元　中华人民共和国的成立和巩固………17

  第二单元　社会主义制度的建立与社会主义建设的探索………19

  第三单元　中国特色社会主义道路………21

  第四单元　民族团结与祖国统一………23

  第五单元　国防建设与外交成就………24

  第六单元　科技文化与社会生活………26

道德与法治

八年级上册《道德与法治》思维导图……………29

  第一单元　走进社会生活………29

    第一课　丰富的社会生活………29

    第二课　网络生活新空间………30

  第二单元　遵守社会规则………31

    第三课　社会生活离不开规则………31

    第四课　社会生活讲道德………32

    第五课　做守法的公民………33

  第三单元　勇担社会责任………34

    第六课　责任与角色同在………34

    第七课　积极奉献社会………35

  第四单元　维护国家利益………36

    第八课　国家利益至上………36

    第九课　树立总体国家安全观………37

    第十课　建设美好祖国………38

八年级下册《道德与法治》思维导图……………39

  第一单元　坚持宪法至上………39

    第一课　维护宪法权威………39

    第二课　保障宪法实施………42

  第二单元　理解权利义务………43

    第三课　公民权利………43

    第四课　公民义务………44

  第三单元　人民当家作主………45

    第五课　我国的政治和经济制度………45

    第六课　我国国家机构………48

  第四单元　崇尚法治精神………50

    第七课　尊重自由平等………50

    第八课　维护公平正义………51

地 理

八年级上册《地理》思维导图..................55
- 第一章　从世界看中国.................55
- 第二章　中国的自然环境................57
- 第三章　中国的自然资源................62
- 第四章　中国的经济发展................64

八年级下册《地理》思维导图..................67
- 第五章　中国的地理差异................67
- 第六章　北方地区....................69
- 第七章　南方地区....................73
- 第八章　西北地区....................77
- 第九章　青藏地区....................78
- 第十章　中国在世界中.................79

生 物

八年级上册《生物》思维导图..................83
- 第五单元　生物圈中的其他生物...........83
  - 第一章　动物的主要类群..............83
  - 第二章　动物的运动与行为............86
  - 第三章　动物在生物圈中的作用.........87
  - 第四章　分布广泛的细菌和真菌........88
- 第六单元　生物的多样性及其保护........90

八年级下册《生物》思维导图..................91
- 第七单元　生物圈中生命的延续和发展....91
  - 第一章　生物的生殖和发育............91
  - 第二章　生物的遗传和变异............93
  - 第三章　生物的进化...................95
- 第八单元　健康的生活..................97
  - 第一章　传染病和免疫.................97
  - 第二章　用药和急救...................98
  - 第三章　了解自己 增进健康...........99

语 文

八年级上册《语文》思维导图与综合知识.........103
- 八年级上册　古诗词理解性默写.........103
- 八年级上册　文言文理解性默写.........108
- 八年级上册　文学常识梳理.............110
- 八年级上册　必背文言文思维导图......113
- 八年级上册　作文思维导图.............121
  - 一、新闻采访与新闻写作..............121
  - 二、学写传记........................122
  - 三、学习描写景物....................123
  - 四、语言要连贯......................124
  - 五、说明事物要抓住特征..............125
  - 六、表达要得体......................126
- 八年级上册　课文单元总结思维导图....127
  - 第一单元..........................127
  - 第二单元..........................128
  - 第三单元..........................129
  - 第四单元..........................130
  - 第五单元..........................131
  - 第六单元..........................132

八年级下册《语文》思维导图与综合知识.........133
- 八年级下册　古诗词理解性默写.........133
- 八年级下册　文言文理解性默写.........137
- 八年级下册　文学常识梳理.............138
- 八年级下册　必背文言文思维导图......140
- 八年级下册　作文思维导图.............147
  - 一、学习仿写........................147

二、说明的顺序 148
三、学写读后感 149
四、撰写演讲稿 150
五、学写游记 151
六、学写故事 152
八年级下册 课文单元总结思维导图 153

第一单元 153
第二单元 154
第三单元 155
第四单元 156
第五单元 157
第六单元 158

数 学

八年级上册《数学》思维导图 161

第十一章 三角形 161
第十二章 全等三角形 163
第十三章 轴对称 165
第十四章 整式的乘法与因式分解 167
第十五章 分式 170

八年级下册《数学》思维导图 173

第十六章 二次根式 173
第十七章 勾股定理 174
第十八章 平行四边形 175
第十九章 一次函数 176
第二十章 数据的分析 178

物 理

八年级上册《物理》思维导图 181

第一章 机械运动 181
第二章 声现象 182
第三章 物态变化 183
第四章 光现象 184
第五章 透镜及其应用 185
第六章 质量与密度 186

八年级下册《物理》思维导图 187

第七章 力 187
第八章 运动和力 188
第九章 压强 189
第十章 浮力 190
第十一章 功和机械能 191
第十二章 简单机械 192

历 史

八年级上册《历史》思维导图

第一单元 中国开始沦为半殖民地半封建社会

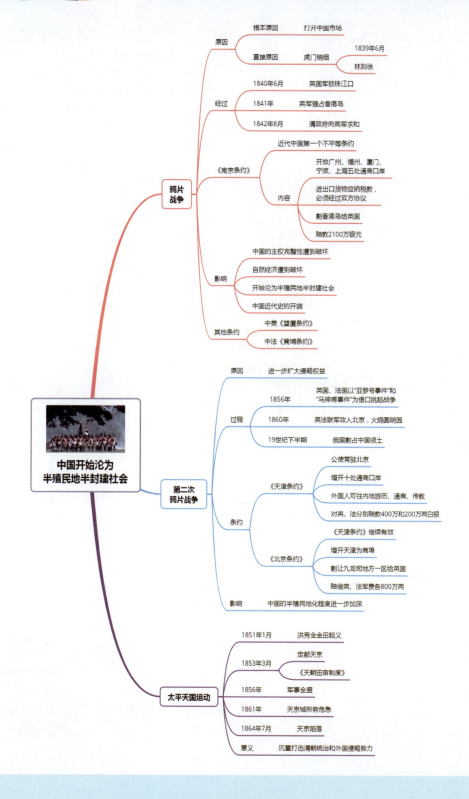

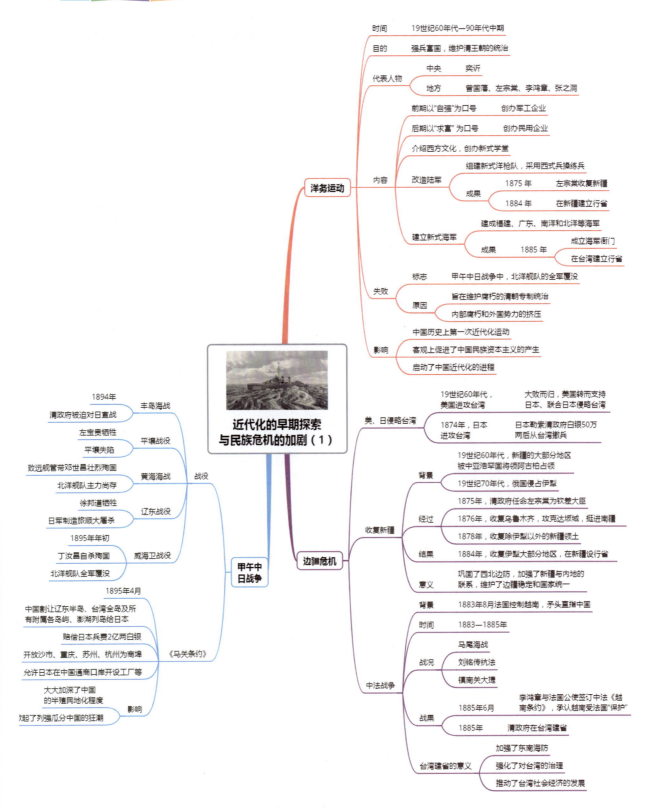

八年级上册《历史》思维导图

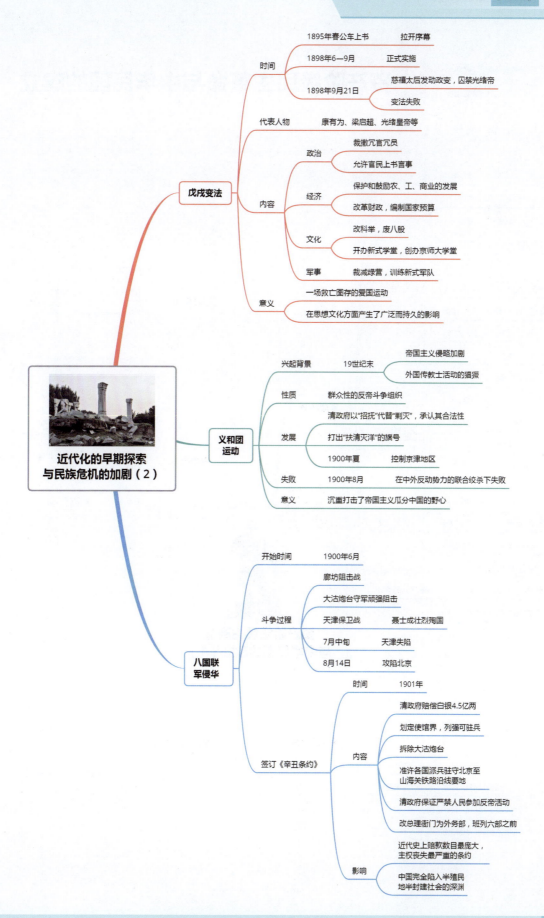

近代化的早期探索与民族危机的加剧（2）

戊戌变法

- **时间**
  - 1895年春公车上书 —— 拉开序幕
  - 1898年6—9月 —— 正式实施
  - 1898年9月21日 —— 慈禧太后发动政变，囚禁光绪帝；变法失败
- **代表人物**：康有为、梁启超、光绪皇帝等
- **内容**
  - 政治：裁撤冗官冗员；允许官民上书言事
  - 经济：保护和鼓励农、工、商业的发展；改革财政，编制国家预算
  - 文化：改科举，废八股；开办新式学堂，创办京师大学堂
  - 军事：裁减绿营，训练新式军队
- **意义**
  - 一场救亡图存的爱国运动
  - 在思想文化方面产生了广泛而持久的影响

义和团运动

- **兴起背景**：19世纪末
  - 帝国主义侵略加剧
  - 外国传教士活动的猖獗
- **性质**：群众性的反帝斗争组织
- **发展**
  - 清政府以"招抚"代替"剿灭"，承认其合法性
  - 打出"扶清灭洋"的旗号
  - 1900年夏 控制京津地区
- **失败**：1900年8月 在中外反动势力的联合绞杀下失败
- **意义**：沉重打击了帝国主义瓜分中国的野心

八国联军侵华

- **开始时间**：1900年6月
- **斗争过程**
  - 廊坊阻击战
  - 大沽炮台守军顽强阻击
  - 天津保卫战 —— 聂士成壮烈殉国
  - 7月中旬 天津失陷
  - 8月14日 攻陷北京
- **签订《辛丑条约》**
  - 时间：1901年
  - 内容：
    - 清政府赔偿白银4.5亿两
    - 划定使馆界，列强可驻兵
    - 拆除大沽炮台
    - 准许各国派兵驻守北京至山海关铁路沿线要地
    - 清政府保证严禁人民参加反帝活动
    - 改总理衙门为外务部，班列六部之前
  - 影响：
    - 近代史上赔款数目最庞大，主权丧失最严重的条约
    - 中国完全陷入半殖民地半封建社会的深渊

第三单元 资产阶级民主革命与中华民国的建立

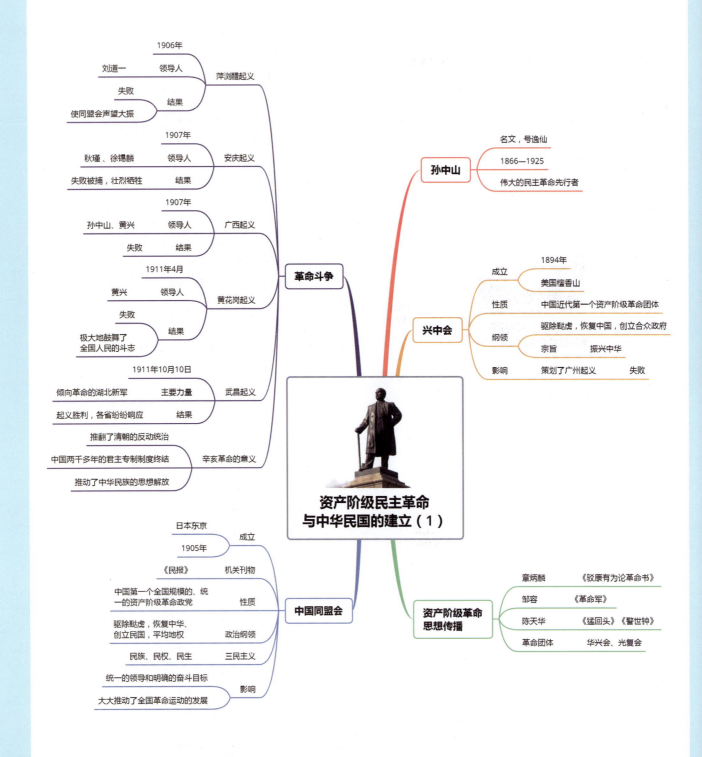

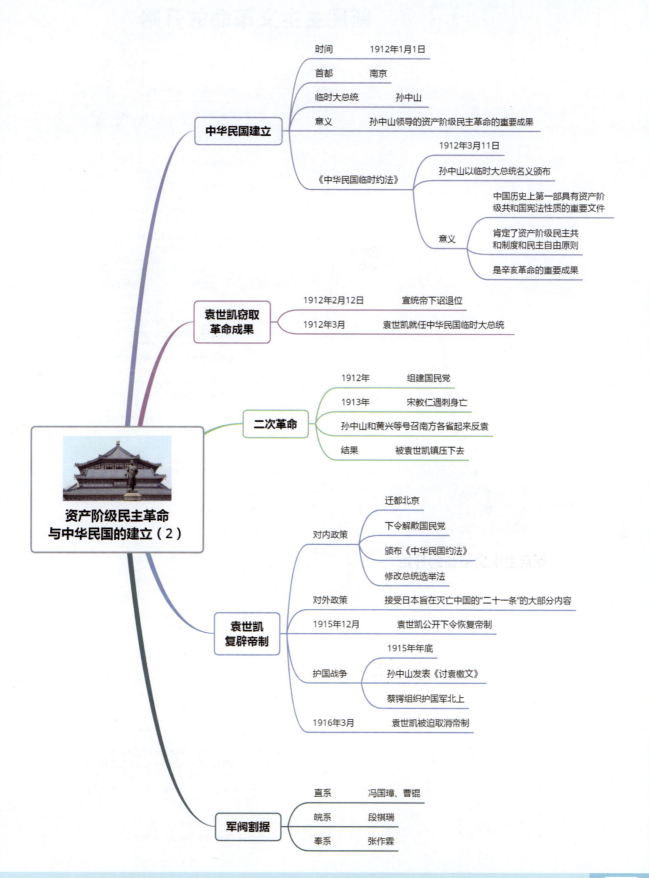

第四单元 新民主主义革命的开始

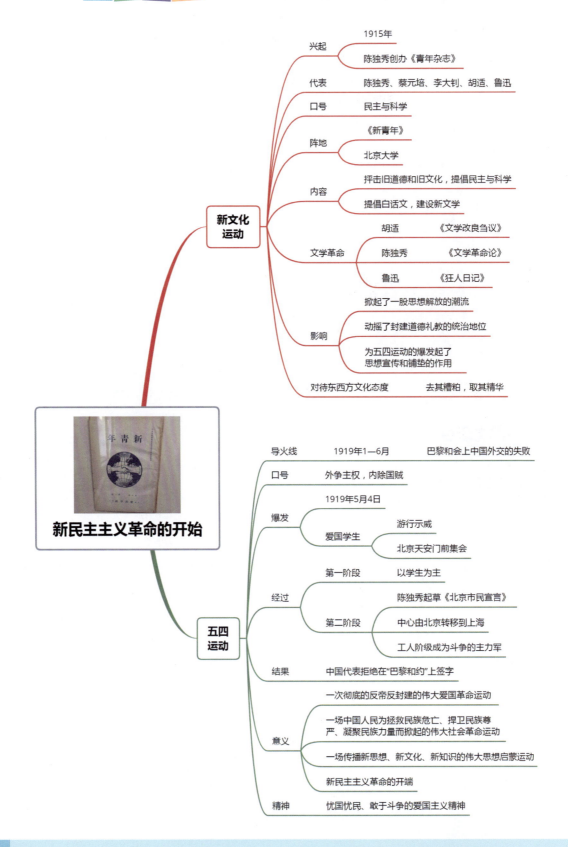

新民主主义革命的开始

- 新文化运动
  - 兴起
    - 1915年
    - 陈独秀创办《青年杂志》
  - 代表：陈独秀、蔡元培、李大钊、胡适、鲁迅
  - 口号：民主与科学
  - 阵地
    - 《新青年》
    - 北京大学
  - 内容
    - 抨击旧道德和旧文化，提倡民主与科学
    - 提倡白话文，建设新文学
  - 文学革命
    - 胡适　《文学改良刍议》
    - 陈独秀　《文学革命论》
    - 鲁迅　《狂人日记》
  - 影响
    - 掀起了一股思想解放的潮流
    - 动摇了封建道德礼教的统治地位
    - 为五四运动的爆发起了思想宣传和铺垫的作用
  - 对待东西方文化态度：去其糟粕，取其精华

- 五四运动
  - 导火线：1919年1—6月　巴黎和会上中国外交的失败
  - 口号：外争主权，内除国贼
  - 爆发
    - 1919年5月4日
    - 爱国学生
      - 游行示威
      - 北京天安门前集会
  - 经过
    - 第一阶段：以学生为主
    - 第二阶段
      - 陈独秀起草《北京市民宣言》
      - 中心由北京转移到上海
      - 工人阶级成为斗争的主力军
  - 结果：中国代表拒绝在"巴黎和约"上签字
  - 意义
    - 一次彻底的反帝反封建的伟大爱国革命运动
    - 一场中国人民为拯救民族危亡、捍卫民族尊严、凝聚民族力量而掀起的伟大社会革命运动
    - 一场传播新思想、新文化、新知识的伟大思想启蒙运动
    - 新民主主义革命的开端
  - 精神：忧国忧民、敢于斗争的爱国主义精神

第五单元 从国共合作到国共对立

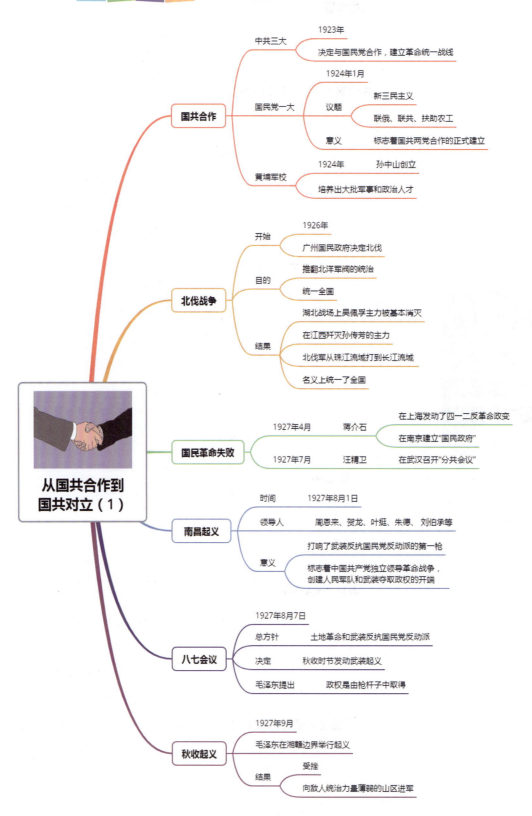

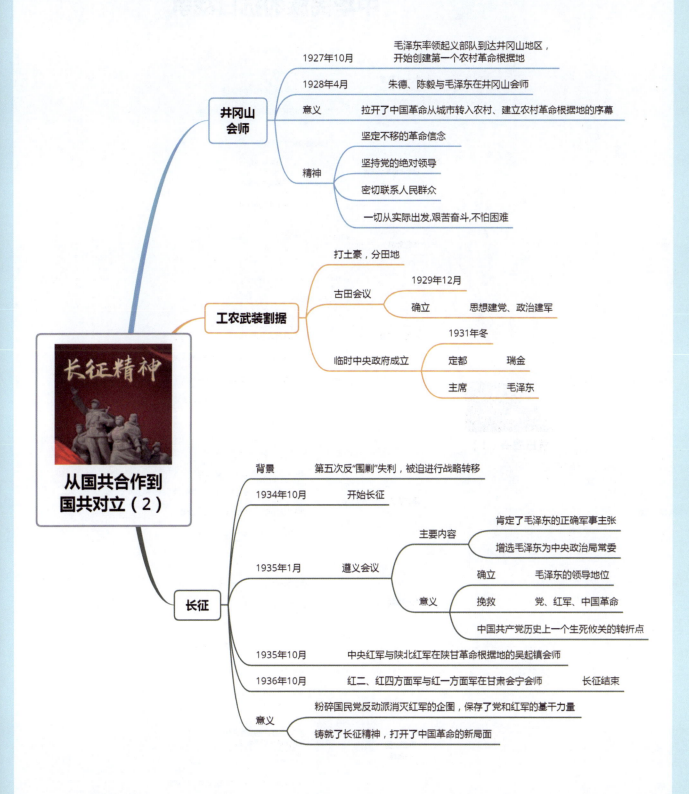

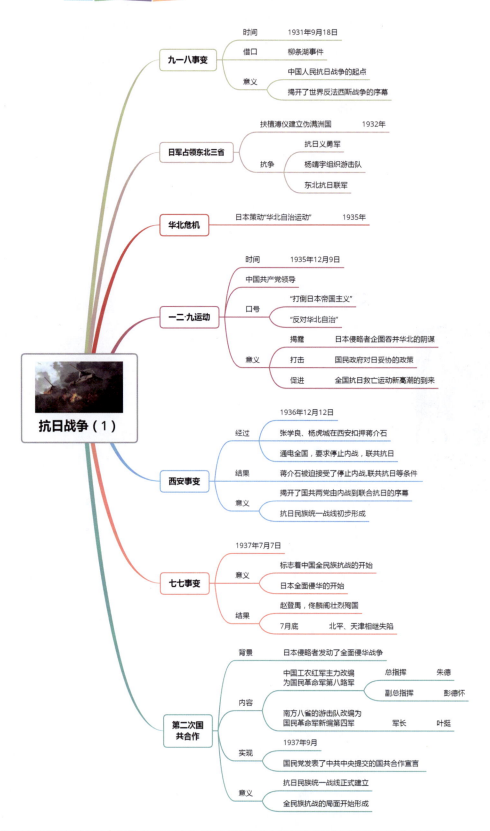

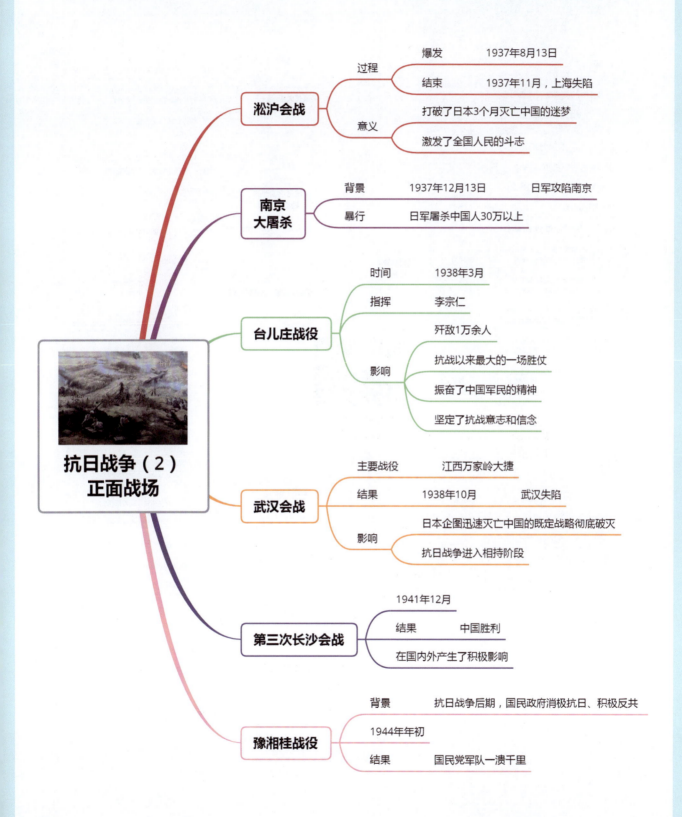

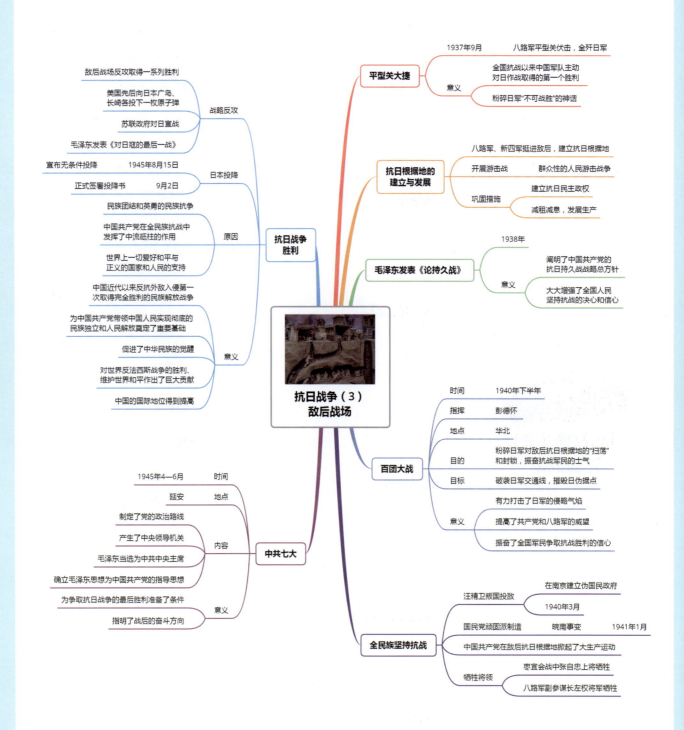

第七单元 人民解放战争

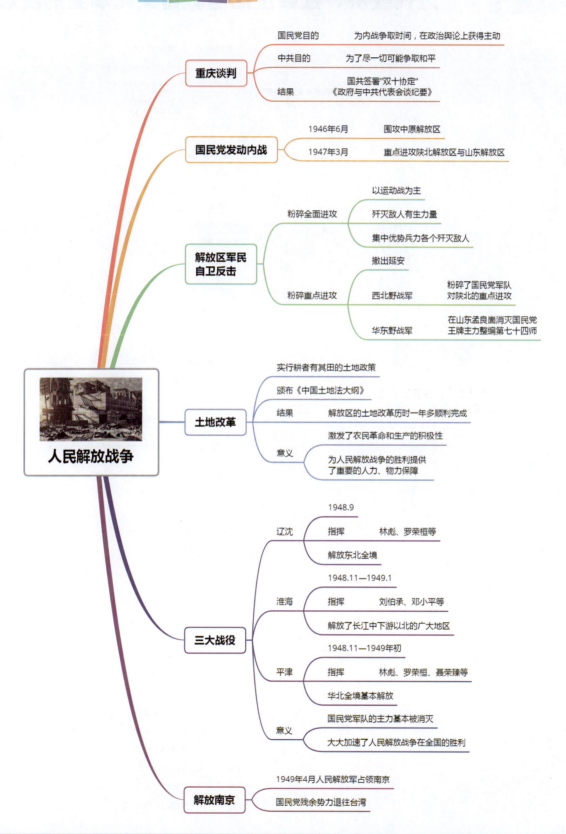

- **重庆谈判**
  - 国民党目的：为内战争取时间，在政治舆论上获得主动
  - 中共目的：为了尽一切可能争取和平
  - 结果：国共签署"双十协定"《政府与中共代表会谈纪要》

- **国民党发动内战**
  - 1946年6月：围攻中原解放区
  - 1947年3月：重点进攻陕北解放区与山东解放区

- **解放区军民自卫反击**
  - 粉碎全面进攻
    - 以运动战为主
    - 歼灭敌人有生力量
    - 集中优势兵力各个歼灭敌人
  - 粉碎重点进攻
    - 撤出延安
    - 西北野战军：粉碎了国民党军队对陕北的重点进攻
    - 华东野战军：在山东孟良崮消灭国民党王牌主力整编第七十四师

- **土地改革**
  - 实行耕者有其田的土地政策
  - 颁布《中国土地法大纲》
  - 结果：解放区的土地改革历时一年多顺利完成
  - 激发了农民革命和生产的积极性
  - 意义：为人民解放战争的胜利提供了重要的人力、物力保障

- **三大战役**
  - 辽沈
    - 1948.9
    - 指挥：林彪、罗荣桓等
    - 解放东北全境
  - 淮海
    - 1948.11—1949.1
    - 指挥：刘伯承、邓小平等
    - 解放了长江中下游以北的广大地区
  - 平津
    - 1948.11—1949年初
    - 指挥：林彪、罗荣桓、聂荣臻等
    - 华北全境基本解放
  - 意义
    - 国民党军队的主力基本被消灭
    - 大大加速了人民解放战争在全国的胜利

- **解放南京**
  - 1949年4月人民解放军占领南京
  - 国民党残余势力退往台湾

第八单元 近代经济、社会生活与教育文化事业的发展

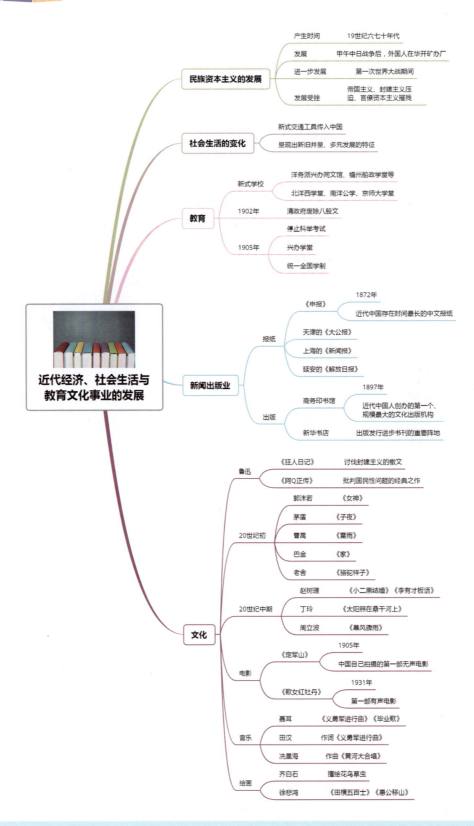

八年级下册《历史》思维导图

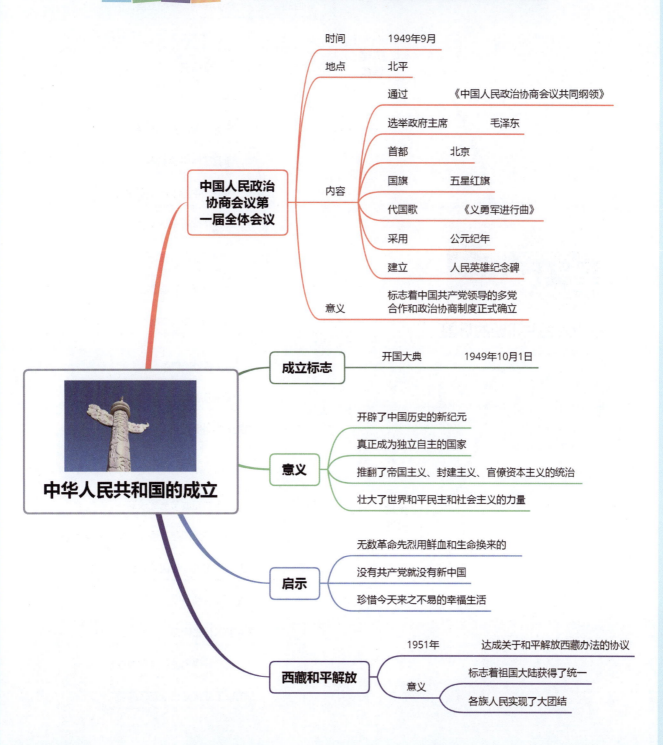

第一单元 中华人民共和国的成立和巩固

中华人民共和国的成立

- 中国人民政治协商会议第一届全体会议
  - 时间：1949年9月
  - 地点：北平
  - 通过：《中国人民政治协商会议共同纲领》
  - 内容：
    - 选举政府主席：毛泽东
    - 首都：北京
    - 国旗：五星红旗
    - 代国歌：《义勇军进行曲》
    - 采用：公元纪年
    - 建立：人民英雄纪念碑
  - 意义：标志着中国共产党领导的多党合作和政治协商制度正式确立

- 成立标志：开国大典 1949年10月1日

- 意义：
  - 开辟了中国历史的新纪元
  - 真正成为独立自主的国家
  - 推翻了帝国主义、封建主义、官僚资本主义的统治
  - 壮大了世界和平民主和社会主义的力量

- 启示：
  - 无数革命先烈用鲜血和生命换来的
  - 没有共产党就没有新中国
  - 珍惜今天来之不易的幸福生活

- 西藏和平解放
  - 1951年：达成关于和平解放西藏办法的协议
  - 意义：
    - 标志着祖国大陆获得了统一
    - 各族人民实现了大团结

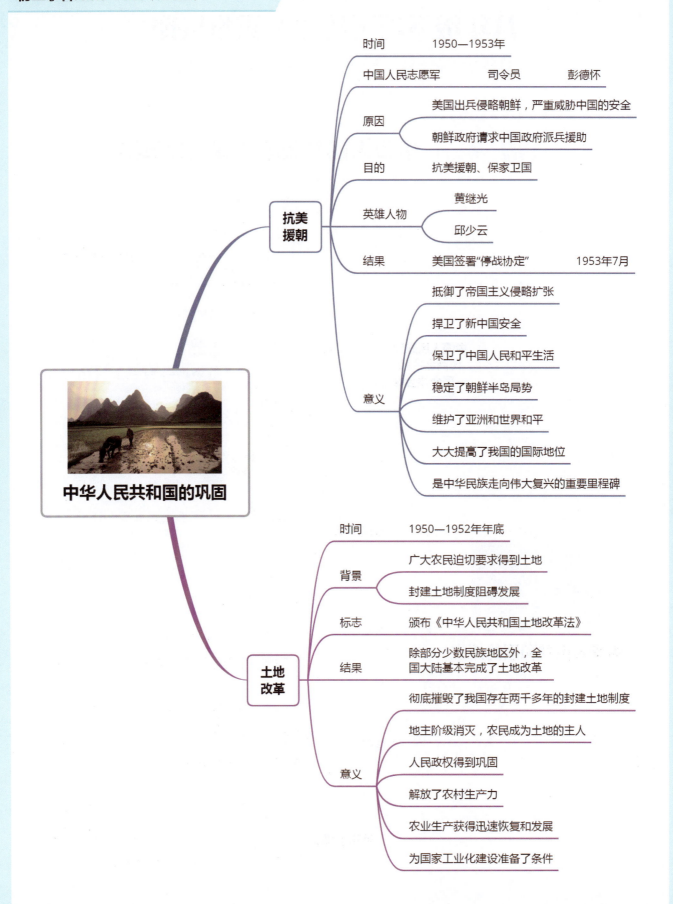

第二单元 社会主义制度的建立与社会主义建设的探索

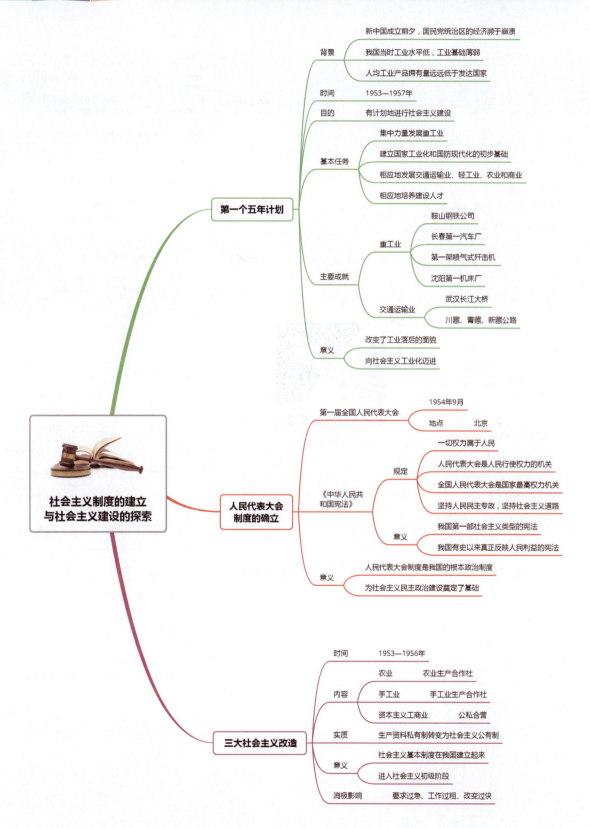

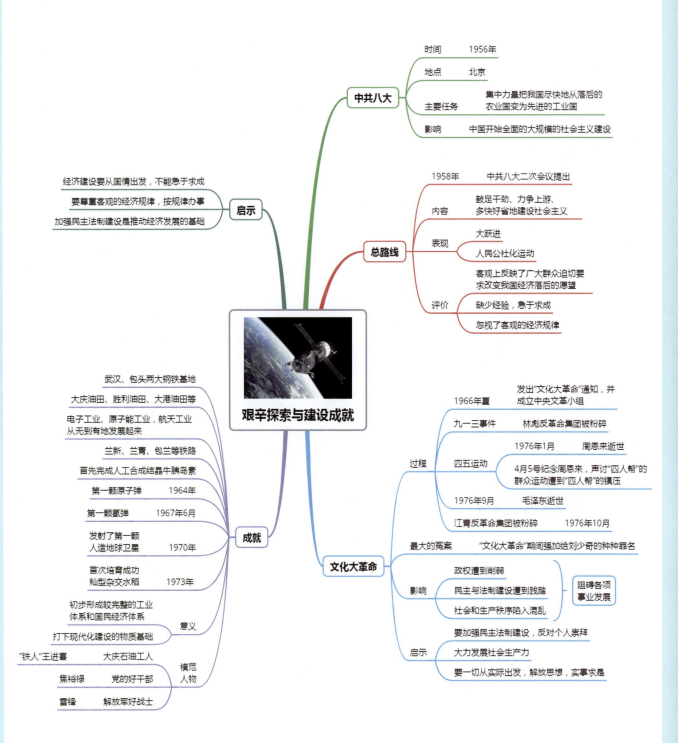

八年级下册《历史》思维导图

第三单元 中国特色社会主义道路

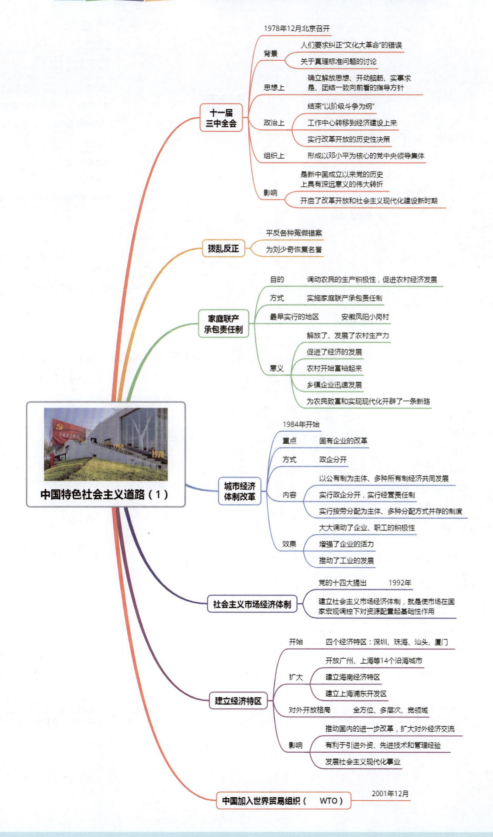

中国特色社会主义道路（1）

- **十一届三中全会**
  - 1978年12月北京召开
  - 背景
    - 人们要求纠正"文化大革命"的错误
    - 关于真理标准问题的讨论
  - 思想上：确立解放思想、开动脑筋、实事求是、团结一致向前看的指导方针
  - 政治上
    - 结束"以阶级斗争为纲"
    - 工作中心转移到经济建设上来
    - 实行改革开放的历史性决策
  - 组织上：形成以邓小平为核心的党中央领导集体
  - 影响
    - 是新中国成立以来党的历史上具有深远意义的伟大转折
    - 开启了改革开放和社会主义现代化建设新时期

- **拨乱反正**
  - 平反各种冤假错案
  - 为刘少奇恢复名誉

- **家庭联产承包责任制**
  - 目的：调动农民的生产积极性，促进农村经济发展
  - 方式：实施家庭联产承包责任制
  - 最早实行的地区：安徽凤阳小岗村
  - 意义
    - 解放了、发展了农村生产力
    - 促进了经济的发展
    - 农村开始富裕起来
    - 乡镇企业迅速发展
    - 为农民致富和实现现代化开辟了一条新路

- **城市经济体制改革**
  - 1984年开始
  - 重点：国有企业的改革
  - 方式：政企分开
  - 内容
    - 以公有制为主体、多种所有制经济共同发展
    - 实行政企分开，实行经营责任制
    - 实行按劳分配为主体、多种分配方式并存的制度
  - 效果
    - 大大调动了企业、职工的积极性
    - 增强了企业的活力
    - 推动了工业的发展

- **社会主义市场经济体制**
  - 党的十四大提出　1992年
  - 建立社会主义市场经济体制，就是使市场在国家宏观调控下对资源配置起基础性作用

- **建立经济特区**
  - 开始：四个经济特区：深圳、珠海、汕头、厦门
  - 扩大
    - 开放广州、上海等14个沿海城市
    - 建立海南经济特区
    - 建立上海浦东开发区
  - 对外开放格局：全方位、多层次、宽领域
  - 影响
    - 推动国内的进一步改革，扩大对外经济交流
    - 有利于引进外资、先进技术和管理经验
    - 发展社会主义现代化事业

- **中国加入世界贸易组织（WTO）**
  - 2001年12月

21

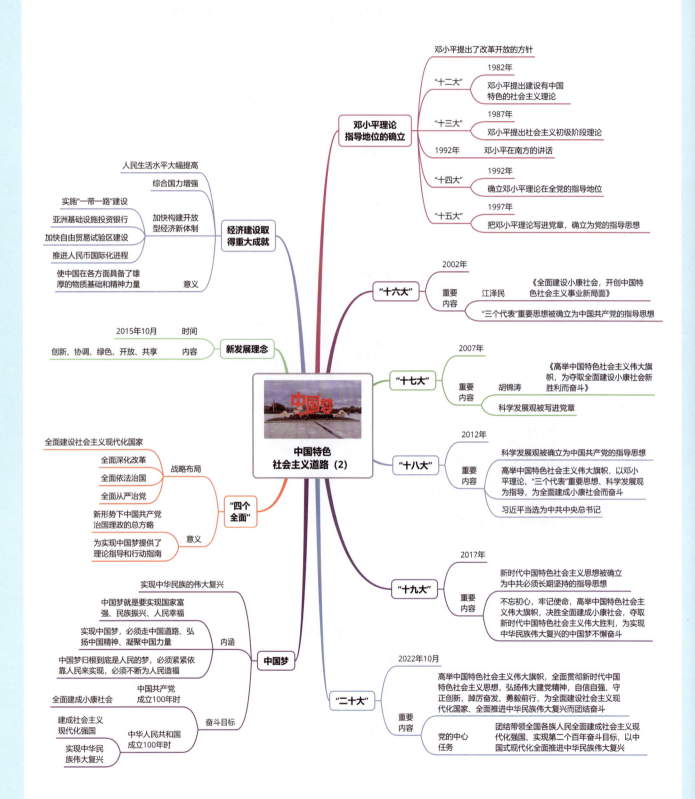

第四单元 民族团结与祖国统一

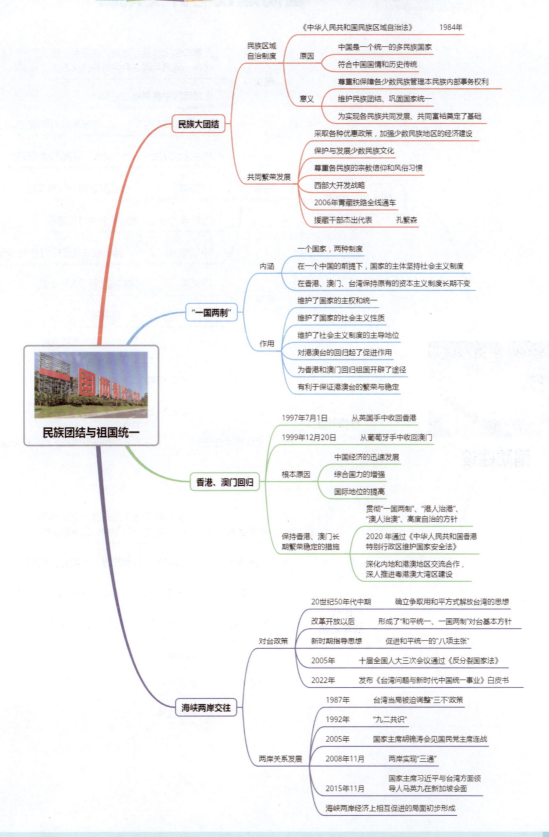

- 民族团结与祖国统一
  - 民族大团结
    - 民族区域自治制度
      - 《中华人民共和国民族区域自治法》 1984年
      - 原因
        - 中国是一个统一的多民族国家
        - 符合中国国情和历史传统
      - 意义
        - 尊重和保障各少数民族管理本民族内部事务权利
        - 维护民族团结、巩固国家统一
        - 为实现各民族共同发展、共同富裕奠定了基础
    - 共同繁荣发展
      - 采取各种优惠政策，加强少数民族地区的经济建设
      - 保护与发展少数民族文化
      - 尊重各民族的宗教信仰和风俗习惯
      - 西部大开发战略
      - 2006年青藏铁路全线通车
      - 援藏干部杰出代表　孔繁森
  - "一国两制"
    - 内涵
      - 一个国家，两种制度
      - 在一个中国的前提下，国家的主体坚持社会主义制度
      - 在香港、澳门、台湾保持原有的资本主义制度长期不变
    - 作用
      - 维护了国家的主权和统一
      - 维护了国家的社会主义性质
      - 维护了社会主义制度的主导地位
      - 对港澳台的回归起了促进作用
      - 为香港和澳门回归祖国开辟了途径
      - 有利于保证港澳台的繁荣与稳定
  - 香港、澳门回归
    - 1997年7月1日　从英国手中收回香港
    - 1999年12月20日　从葡萄牙手中收回澳门
    - 根本原因
      - 中国经济的迅速发展
      - 综合国力的增强
      - 国际地位的提高
    - 保持香港、澳门长期繁荣稳定的措施
      - 贯彻"一国两制"、"港人治港"、"澳人治澳"、高度自治的方针
      - 2020年通过《中华人民共和国香港特别行政区维护国家安全法》
      - 深化内地和港澳地区交流合作，深入推进粤港澳大湾区建设
  - 海峡两岸交往
    - 对台政策
      - 20世纪50年代中期　确立争取用和平方式解放台湾的思想
      - 改革开放以后　形成了"和平统一、一国两制"对台基本方针
      - 新时期指导思想　促进和平统一的"八项主张"
      - 2005年　十届全国人大三次会议通过《反分裂国家法》
      - 2022年　发布《台湾问题与新时代中国统一事业》白皮书
    - 两岸关系发展
      - 1987年　台湾当局被迫调整"三不"政策
      - 1992年　"九二共识"
      - 2005年　国家主席胡锦涛会见国民党主席连战
      - 2008年11月　两岸实现"三通"
      - 2015年11月　国家主席习近平与台湾方面领导人马英九在新加坡会面
      - 海峡两岸经济上相互促进的局面初步形成

第五单元 国防建设与外交成就

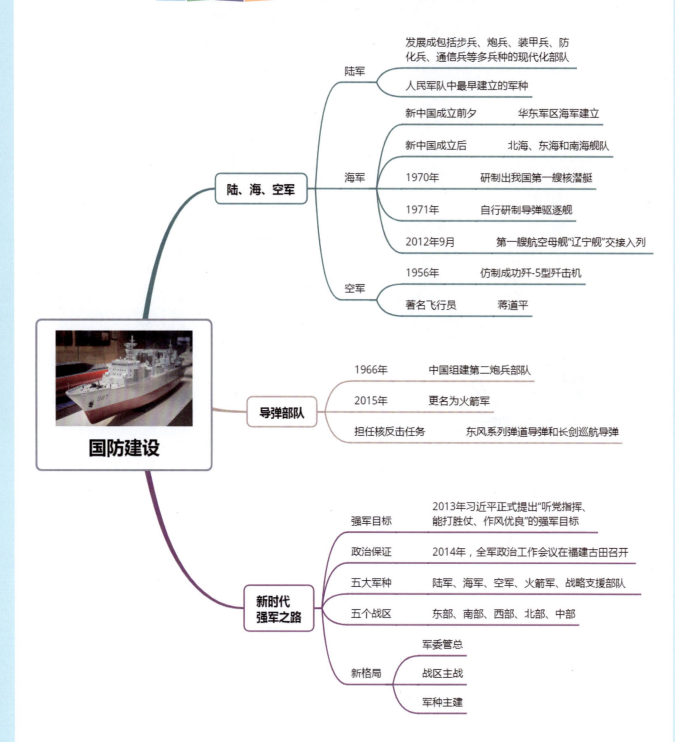

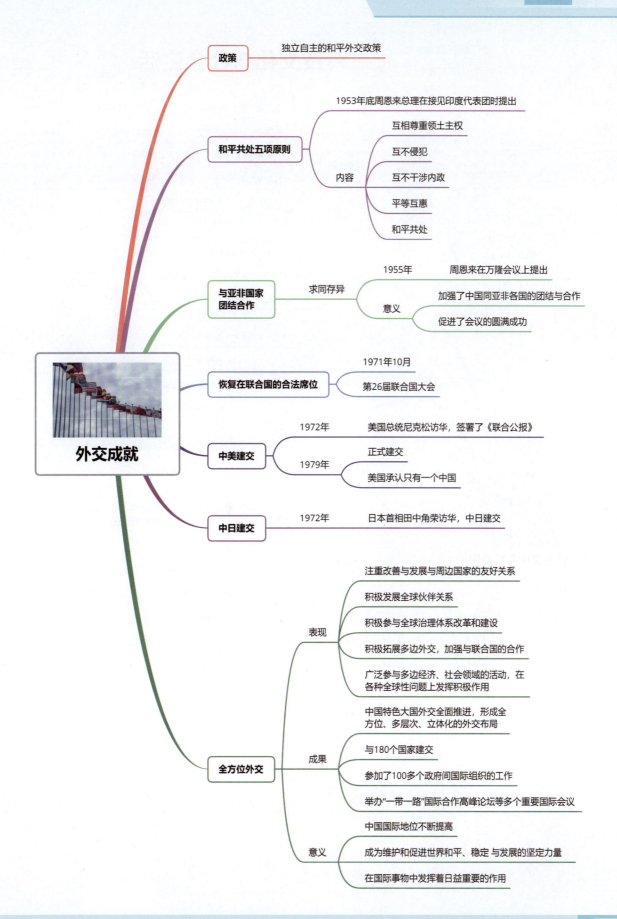

第六单元 科技文化与社会生活

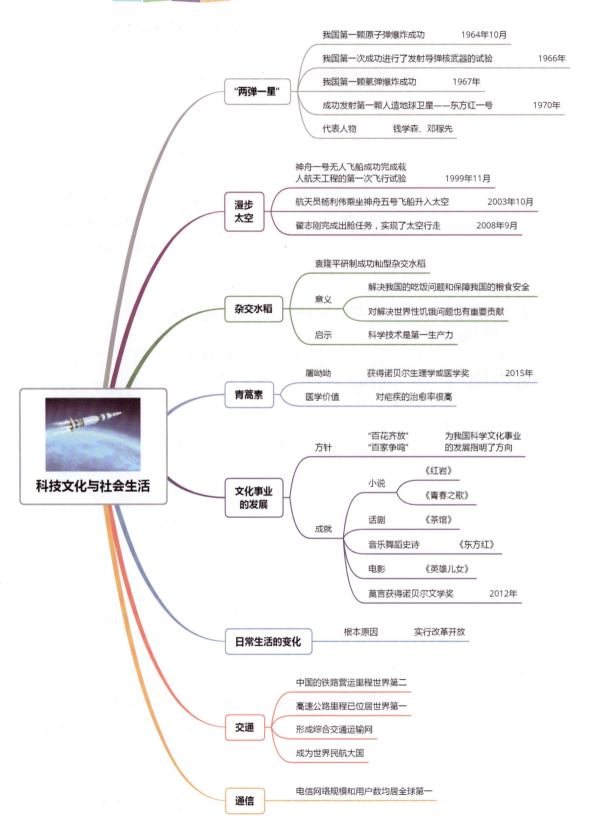

八年级上册《道德与法治》思维导图

第一单元 走进社会生活

第一课 丰富的社会生活

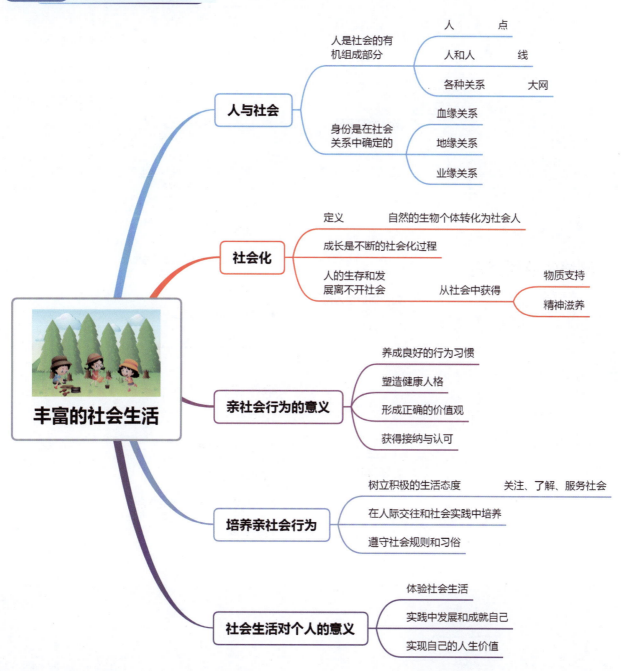

第二课　网络生活新空间

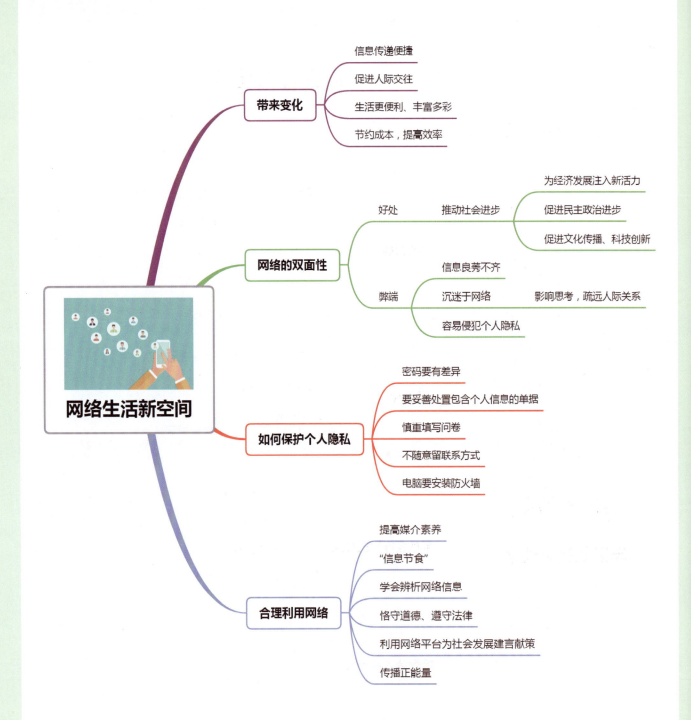

八年级上册《道德与法治》思维导图

第二单元 遵守社会规则

第三课 社会生活离不开规则

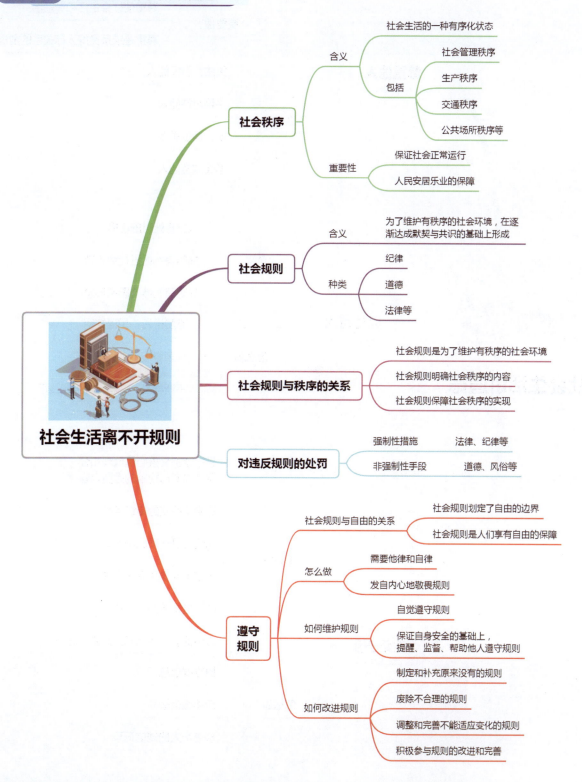

社会生活离不开规则
- 社会秩序
  - 含义：社会生活的一种有序化状态
    - 包括
      - 社会管理秩序
      - 生产秩序
      - 交通秩序
      - 公共场所秩序等
  - 重要性
    - 保证社会正常运行
    - 人民安居乐业的保障
- 社会规则
  - 含义：为了维护有秩序的社会环境，在逐渐达成默契与共识的基础上形成
  - 种类
    - 纪律
    - 道德
    - 法律等
- 社会规则与秩序的关系
  - 社会规则是为了维护有秩序的社会环境
  - 社会规则明确社会秩序的内容
  - 社会规则保障社会秩序的实现
- 对违反规则的处罚
  - 强制性措施：法律、纪律等
  - 非强制性手段：道德、风俗等
- 遵守规则
  - 社会规则与自由的关系
    - 社会规则划定了自由的边界
    - 社会规则是人们享有自由的保障
  - 怎么做
    - 需要他律和自律
    - 发自内心地敬畏规则
  - 如何维护规则
    - 自觉遵守规则
    - 保证自身安全的基础上，提醒、监督、帮助他人遵守规则
  - 如何改进规则
    - 制定和补充原来没有的规则
    - 废除不合理的规则
    - 调整和完善不能适应变化的规则
    - 积极参与规则的改进和完善

31

第四课 社会生活讲道德

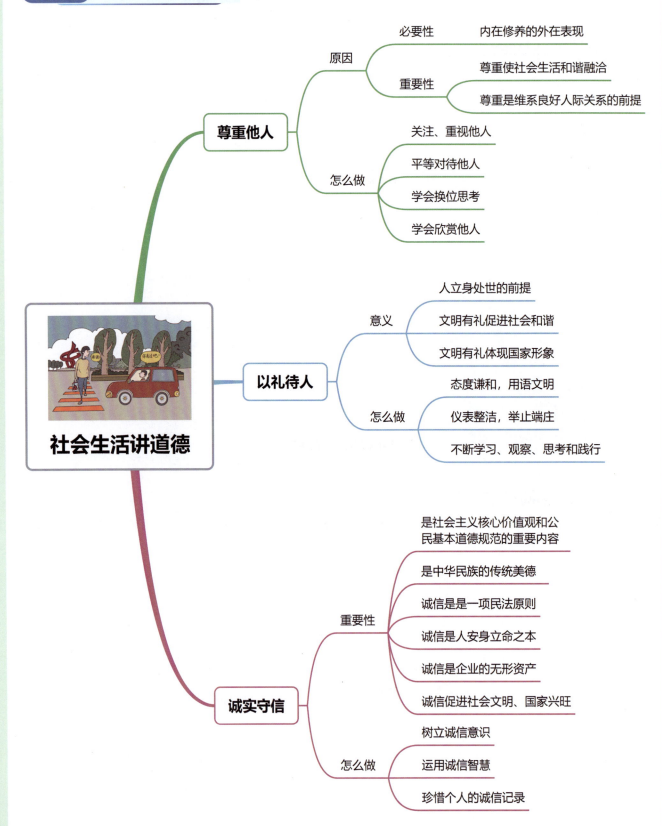

第五课 做守法的公民

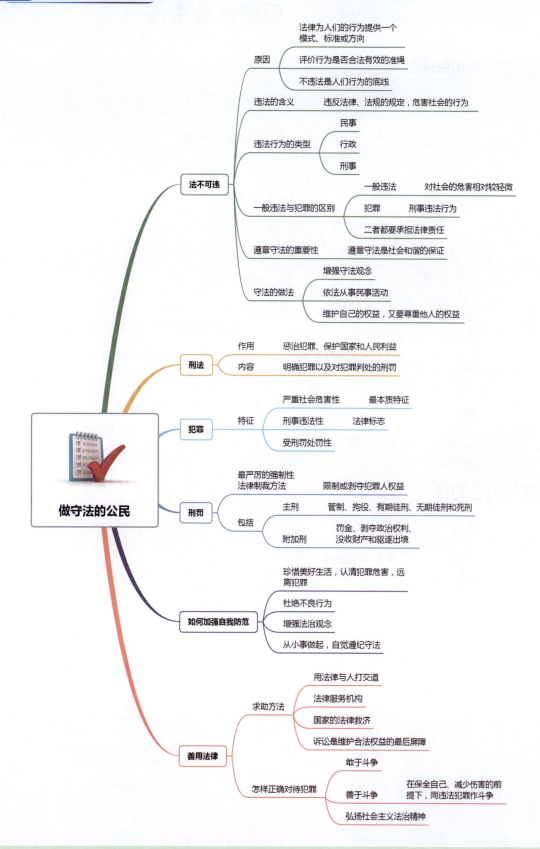

第三单元 勇担社会责任

第六课 责任与角色同在

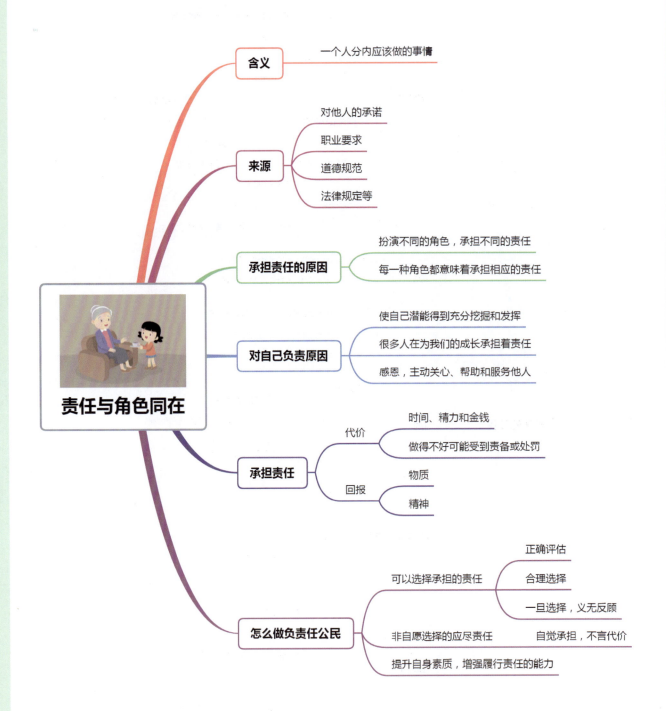

第七课 积极奉献社会

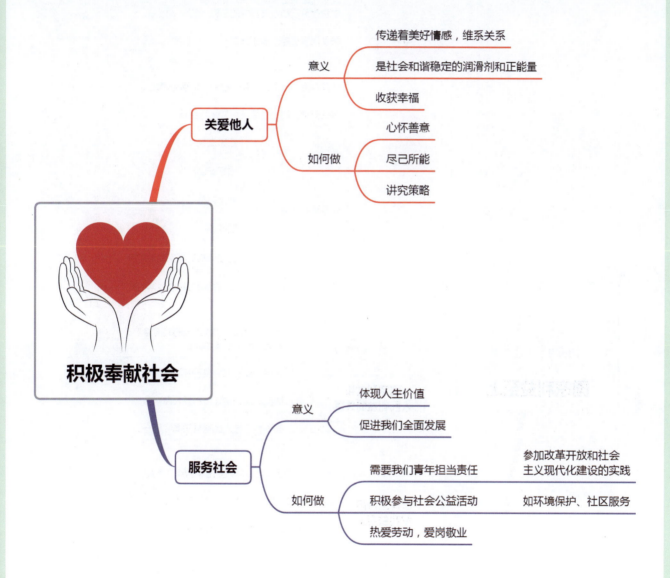

第四单元 维护国家利益

第八课 国家利益至上

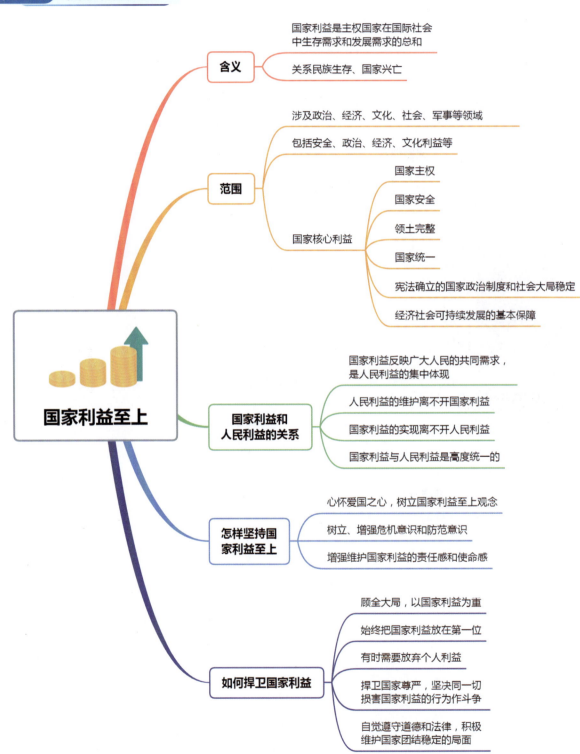

第九课 树立总体国家安全观

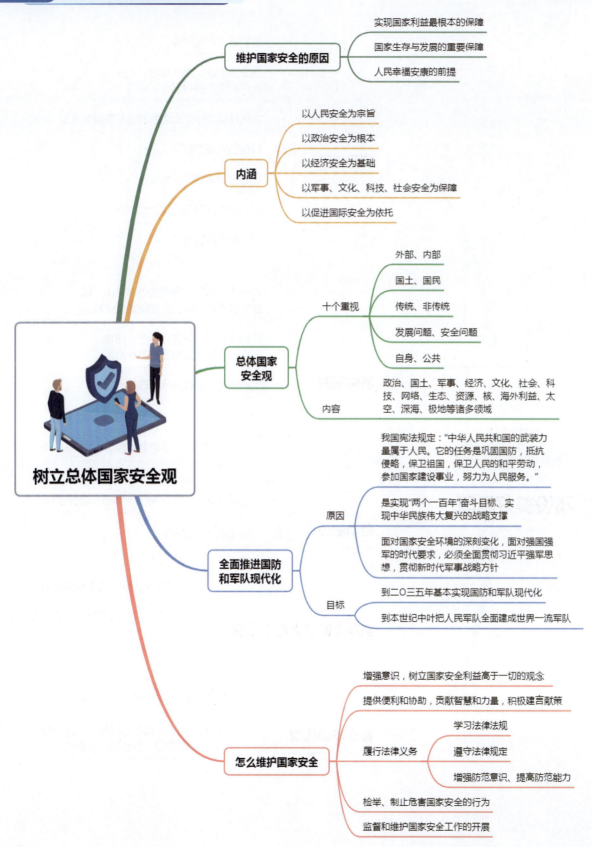

- 树立总体国家安全观
  - 维护国家安全的原因
    - 实现国家利益最根本的保障
    - 国家生存与发展的重要保障
    - 人民幸福安康的前提
  - 内涵
    - 以人民安全为宗旨
    - 以政治安全为根本
    - 以经济安全为基础
    - 以军事、文化、科技、社会安全为保障
    - 以促进国际安全为依托
  - 总体国家安全观
    - 十个重视
      - 外部、内部
      - 国土、国民
      - 传统、非传统
      - 发展问题、安全问题
      - 自身、公共
    - 内容：政治、国土、军事、经济、文化、社会、科技、网络、生态、资源、核、海外利益、太空、深海、极地等诸多领域
  - 全面推进国防和军队现代化
    - 我国宪法规定："中华人民共和国的武装力量属于人民。它的任务是巩固国防，抵抗侵略，保卫祖国，保卫人民的和平劳动，参加国家建设事业，努力为人民服务。"
    - 原因
      - 是实现"两个一百年"奋斗目标、实现中华民族伟大复兴的战略支撑
      - 面对国家安全环境的深刻变化，面对强国强军的时代要求，必须全面贯彻习近平强军思想，贯彻新时代军事战略方针
    - 目标
      - 到二〇三五年基本实现国防和军队现代化
      - 到本世纪中叶把人民军队全面建成世界一流军队
  - 怎么维护国家安全
    - 增强意识，树立国家安全利益高于一切的观念
    - 提供便利和协助，贡献智慧和力量，积极建言献策
    - 履行法律义务
      - 学习法律法规
      - 遵守法律规定
      - 增强防范意识、提高防范能力
    - 检举、制止危害国家安全的行为
    - 监督和维护国家安全工作的开展

第十课　建设美好祖国

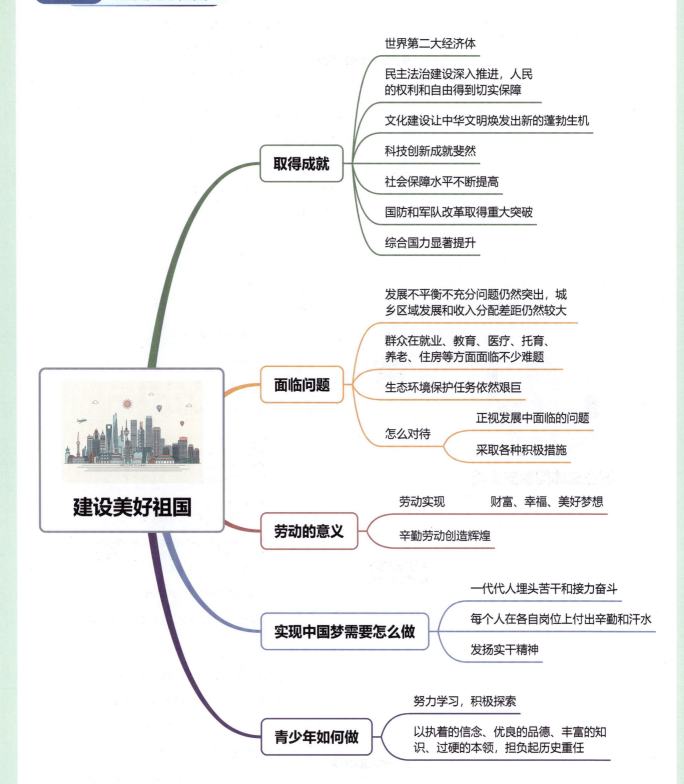

八年级下册《道德与法治》思维导图

第一单元 坚持宪法至上

第一课 维护宪法权威

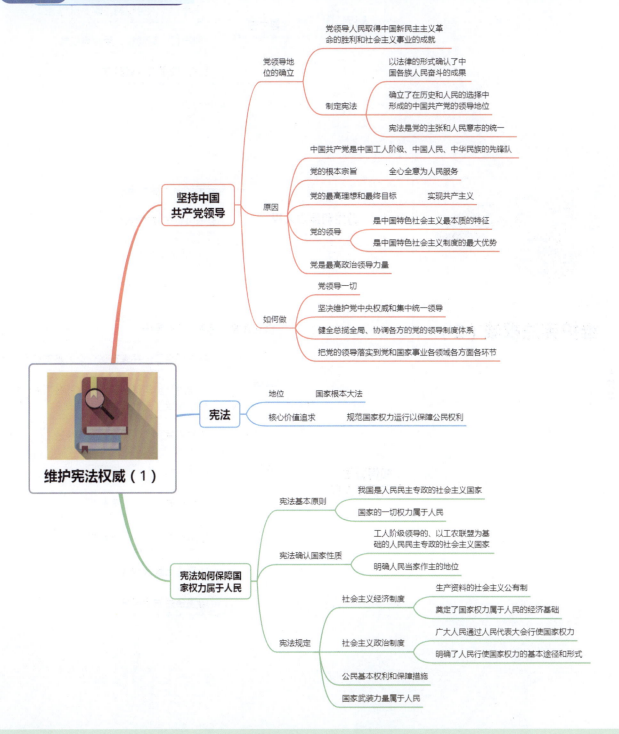

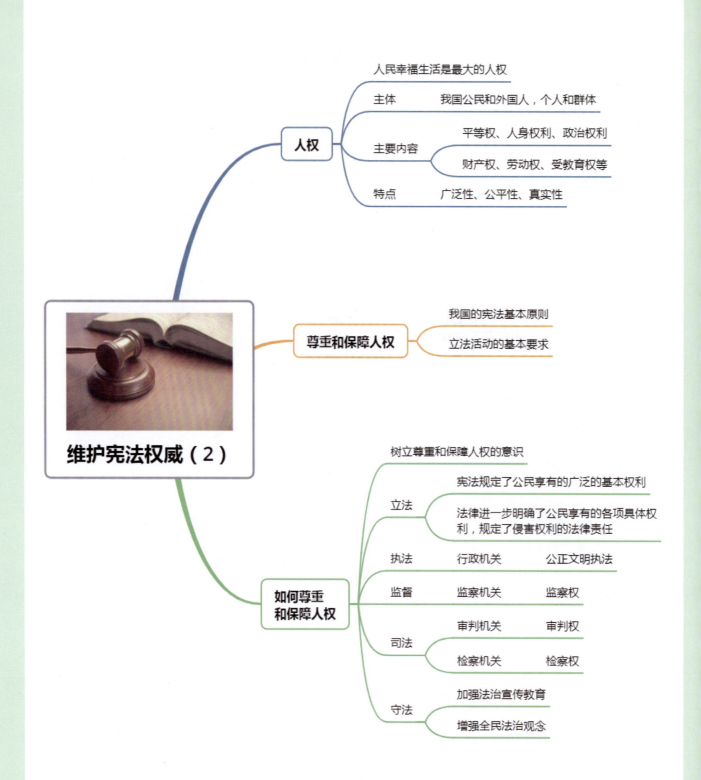

维护宪法权威（3）

- **人民代表大会**
  - 人民行使国家权力的机关
  - 人大与人民的关系
    - 民主选举产生
    - 对人民负责
    - 受人民监督
  - 人大与国家机关的关系：行政、监察、审判、检察机关由人大产生，对人大负责，受人大监督

- **宪法如何设置国家机构**
  - 授予国家机构特定职权
  - 明确国家机构的组成、任期、工作方式等内容
  - 国家机构依据宪法行使权力

- **国家机构实行民主集中制的体现**
  - 由人民选举产生国家权力机关
  - 中央和地方的国家机构职权的划分，遵循在中央的统一领导下，充分发挥地方的主动性、积极性的原则
  - 国家机关内部作出决策、决定时，实行民主集中制

- **为什么规范权力运行**
  - 宪法严格规范职权的行使
  - 规范国家权力运行以保障公民权利，这是宪法的核心价值追求
  - 权力是把双刃剑
  - 只有依法规范权力运行，才能保证人民赋予的权力始终用来为人民谋利益

- **如何规范权力运行**
  - 加强对权力运行的制约和监督
  - 必须遵守宪法和法律，一切违反宪法和法律的行为，必须予以追究
  - 国家权力必须在宪法和法律限定的范围内行使
  - 国家机关及其工作人员必须依法行使权力、履行职责，不得懈怠、推诿
  - 国家权力必须严格按照法定的途径和方式行使
  - 法定职责必须为，法无授权不可为

第二课 保障宪法实施

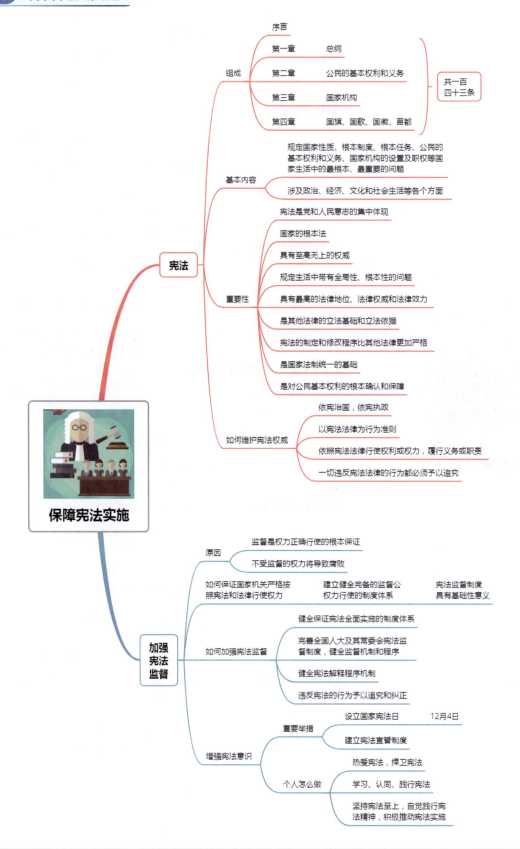

第二单元 理解权利义务

第三课 公民权利

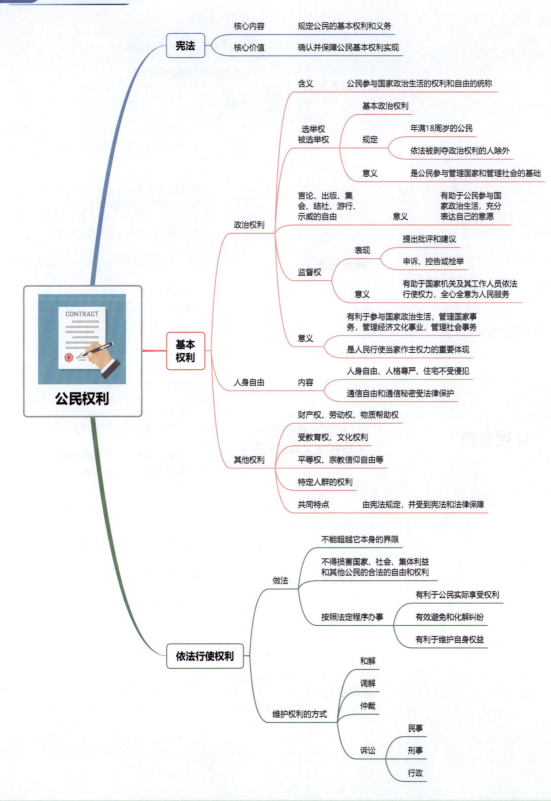

第四课 公民义务

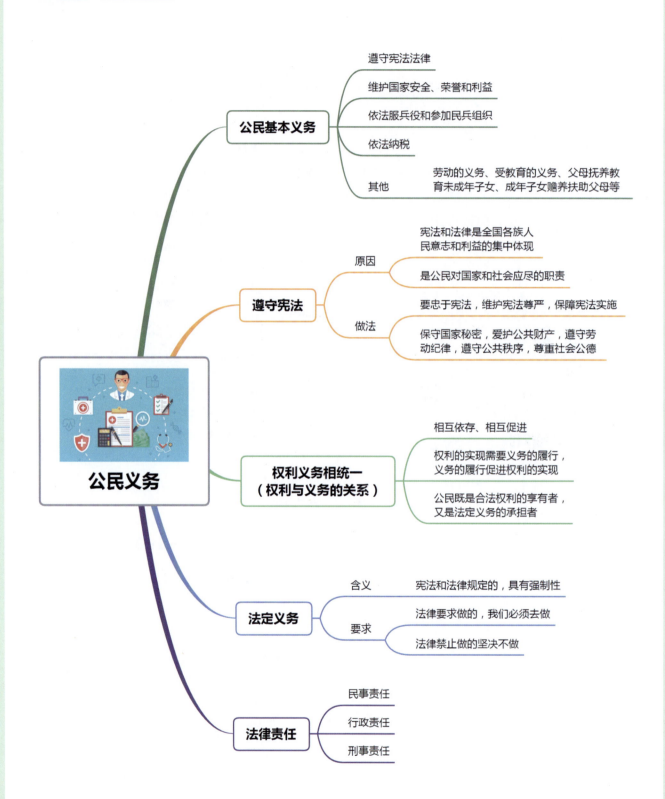

第三单元 人民当家作主

第五课 我国的政治和经济制度

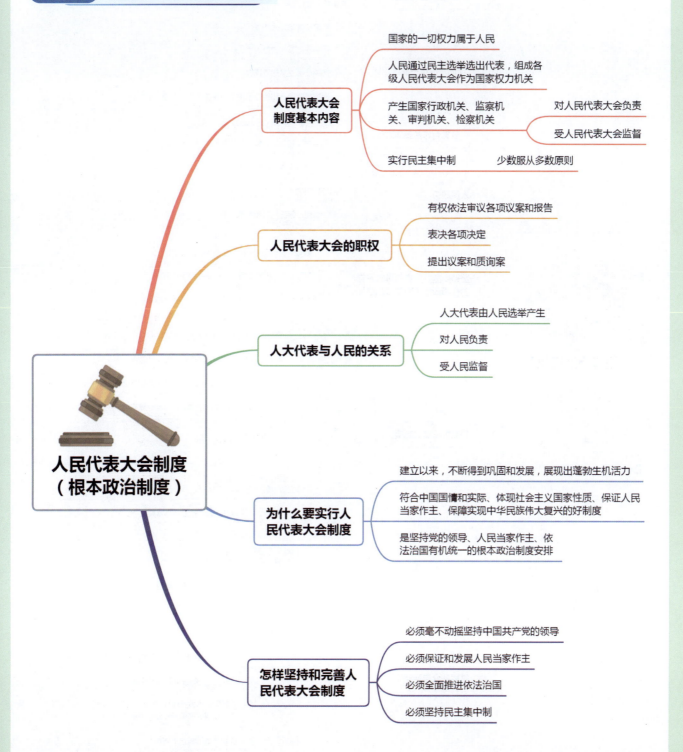

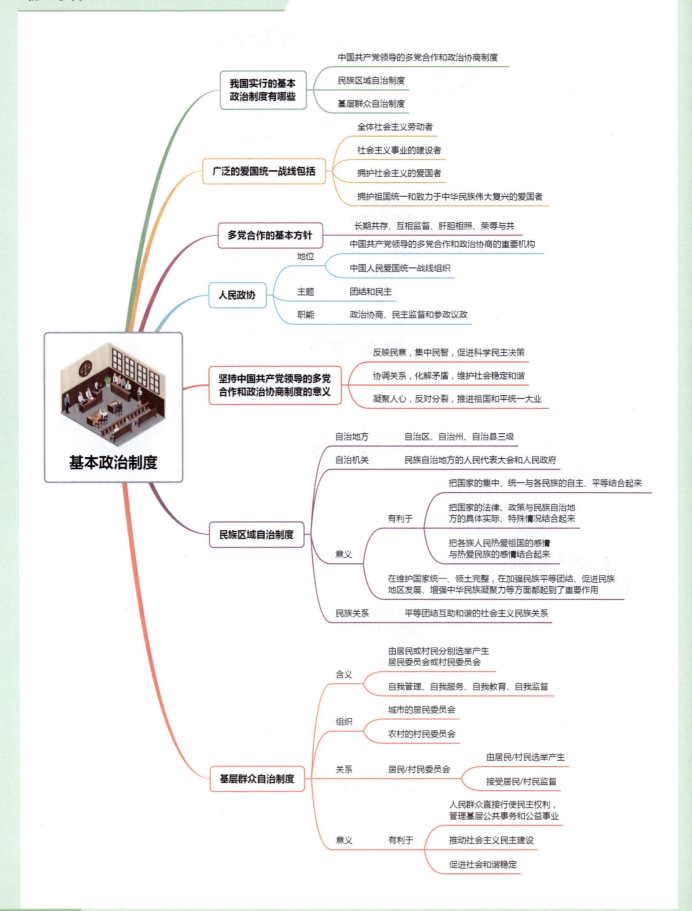

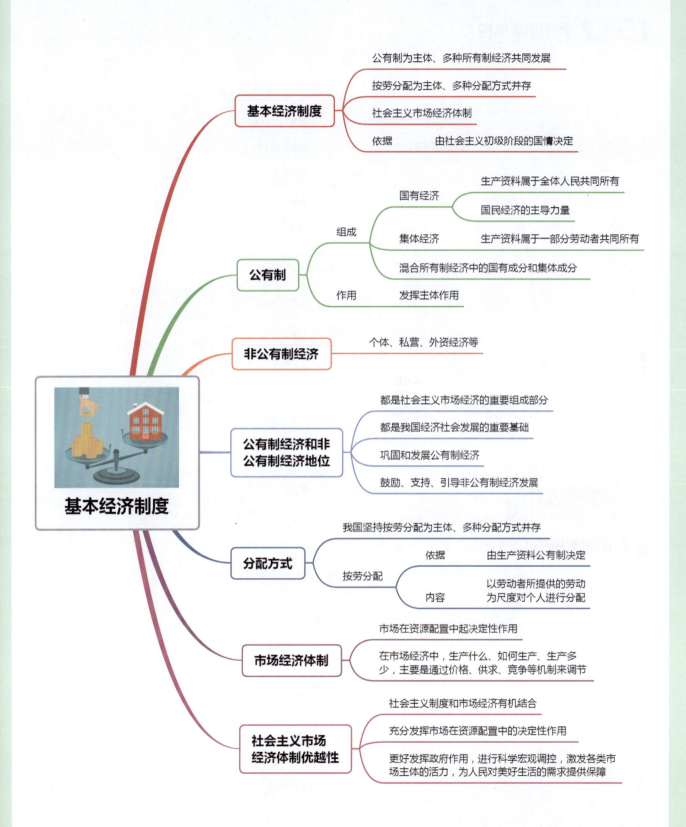

第六课 我国国家机构

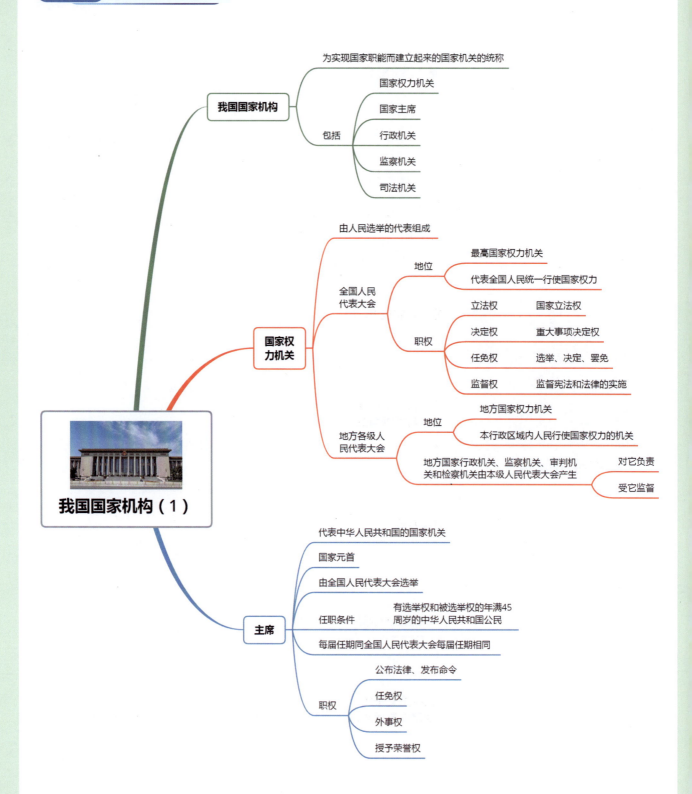

八年级下册《道德与法治》思维导图

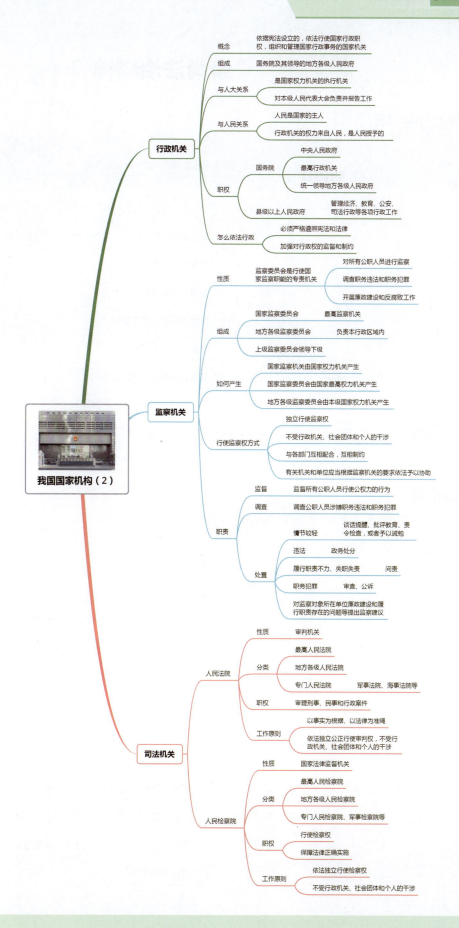

第四单元 崇尚法治精神

第七课 尊重自由平等

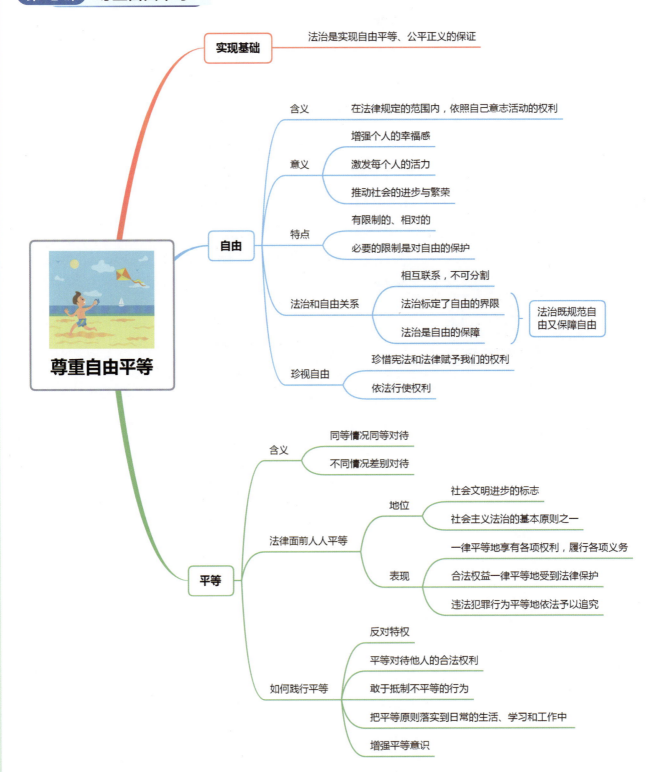

第八课 维护公平正义

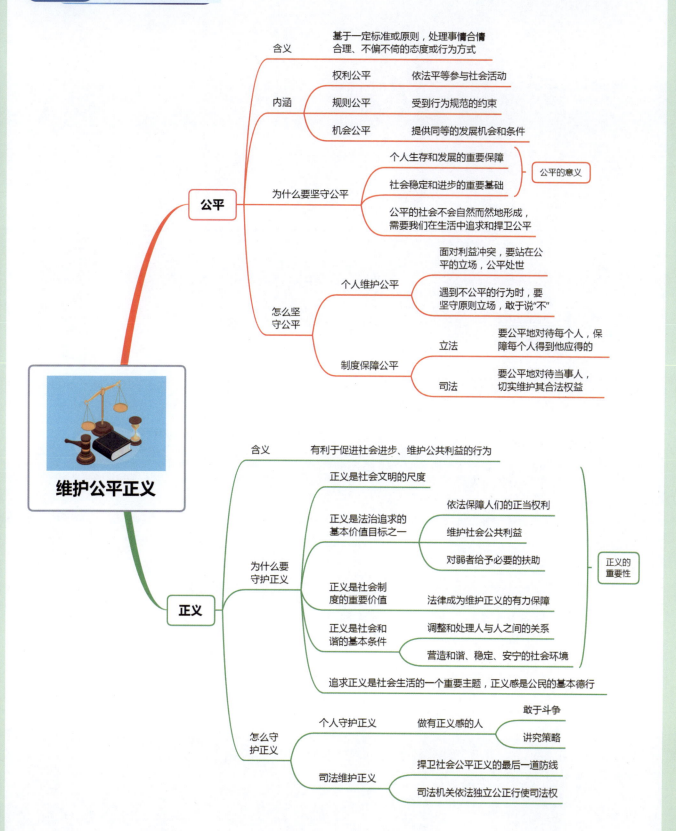

地 理

八年级上册《地理》思维导图

第一章 从世界看中国

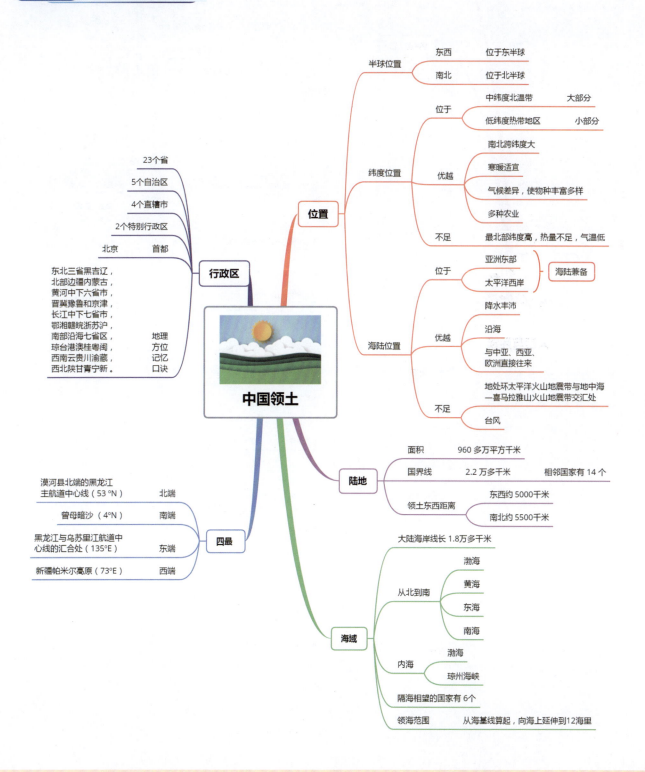

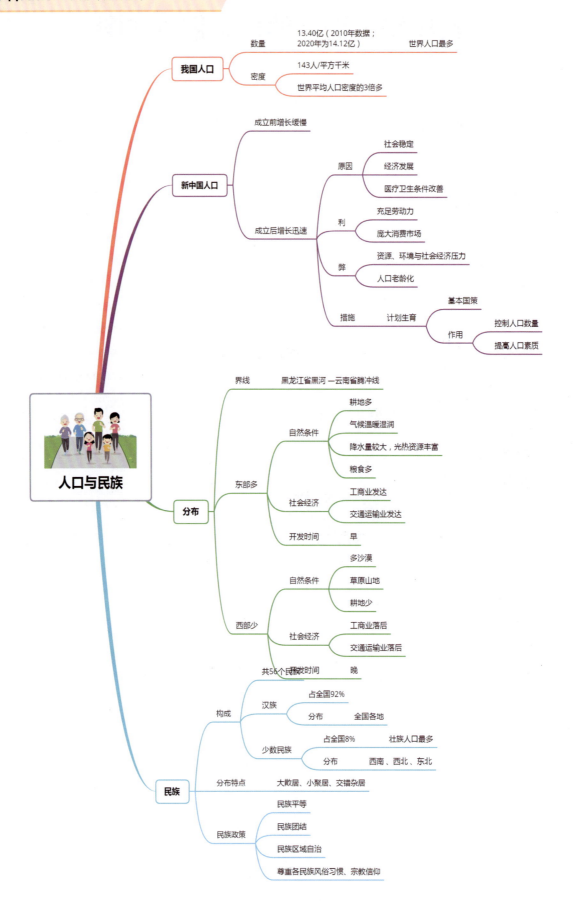

第二章 中国的自然环境

地形和地势

地形
- 类型多样：平原、高原、山地、盆地、丘陵
- 山区面积广大：山地、丘陵、比较崎岖的高原统称山区，占全国总面积2/3
  - 弊：交通不便，不利耕作
  - 利：林业、牧业、旅游业、采矿业等方面有优势
- 特征描述方式：哪个方位是什么地形区

纵横交错的山脉构成我国地形的"骨架"

主要山脉

山脉	两侧的地形区		山脉	两侧的地形区	
	西侧	东侧		北侧	南侧
横断山脉	青藏高原	云贵高原	天山	准噶尔盆地	塔里木盆地
巫山	四川盆地	长江中下游平原	昆仑山	塔里木盆地	青藏高原
太行山	黄土高原	华北平原	祁连山	内蒙古高原	柴达木盆地
大兴安岭	内蒙古高原	东北平原	秦岭	黄土高原	四川盆地

地势西高东低，呈阶梯状分布

阶梯名称	海拔高度	主要地形类型	主要地形区
第一级阶梯	4000米以上	高原、山地	青藏高原、柴达木盆地
界线： 昆仑山—祁连山—横断山			
第二级阶梯	1000～2000米	高原、盆地	内蒙古高原、黄土高原、云贵高原、四川盆地、准噶尔盆地、塔里木盆地
界线： 大兴安岭—太行山—巫山—雪峰山			
第三级阶梯	500米以下	丘陵、山地、平原、盆地相间分布	东北平原、华北平原、长江中下游平原、东南丘陵、辽东丘陵、山东丘陵

地势
- 对气候影响
  - 湿润气流向内陆推进
  - 丰沛降水
- 对河流影响
  - 落差大
  - 水流急
  - 水能资源丰富
- 对交通影响
  - 大江、大河方便了沿海和内陆的联系
  - 高大山脉成为东西交通上的巨大障碍
- 特征描述方式：哪个方位高，哪个方位低

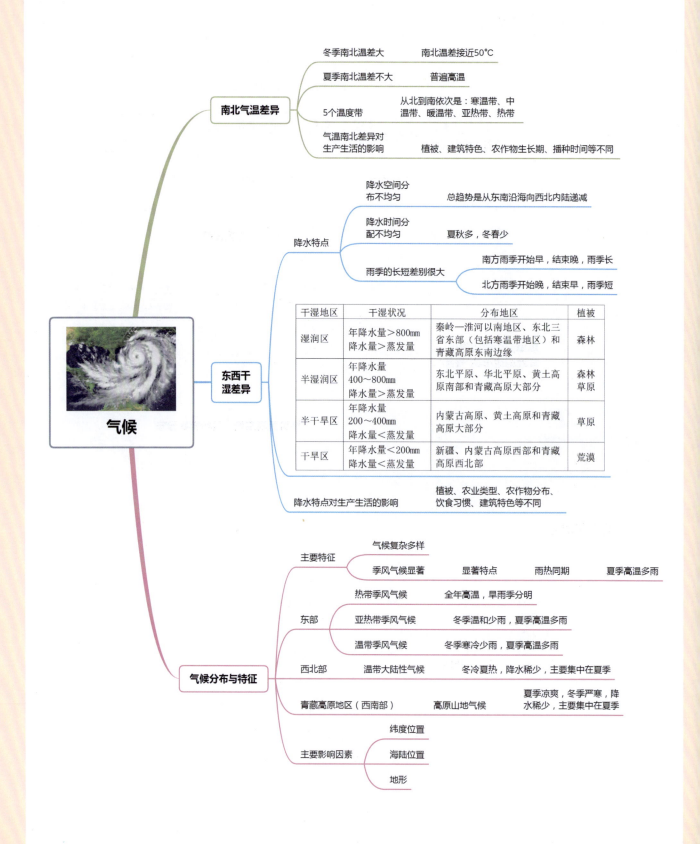

八年级上册《地理》思维导图

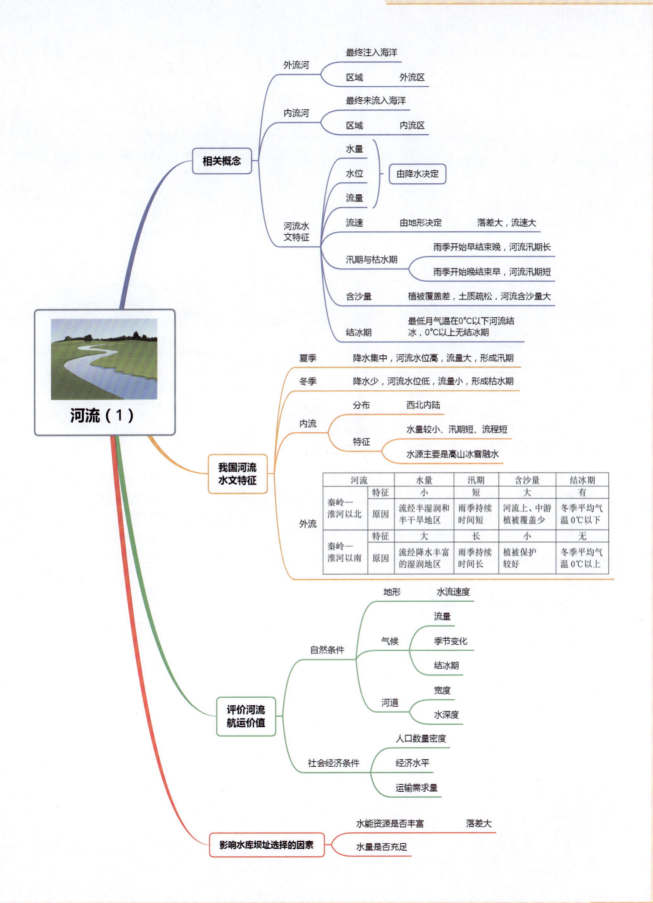

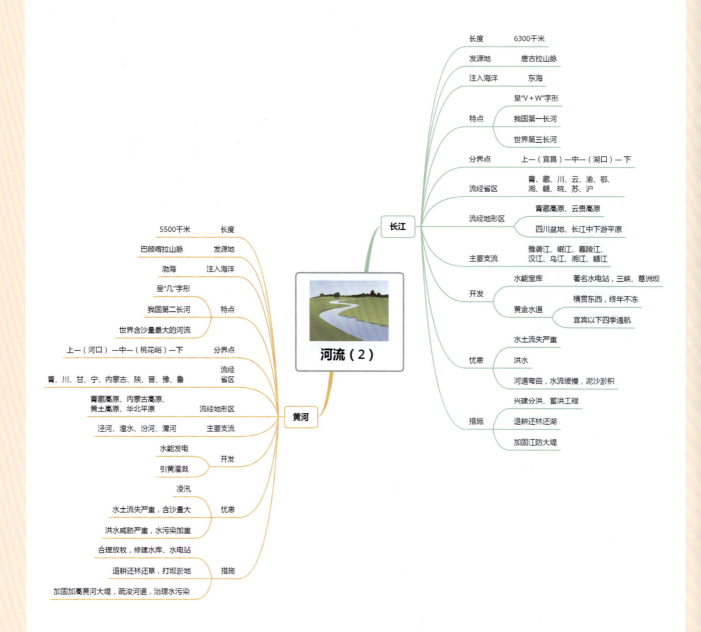

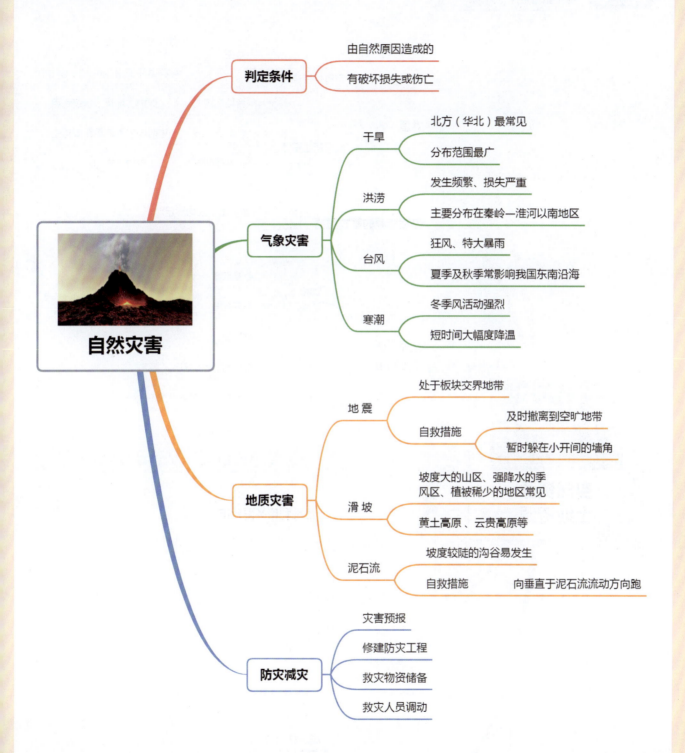

第三章 中国的自然资源

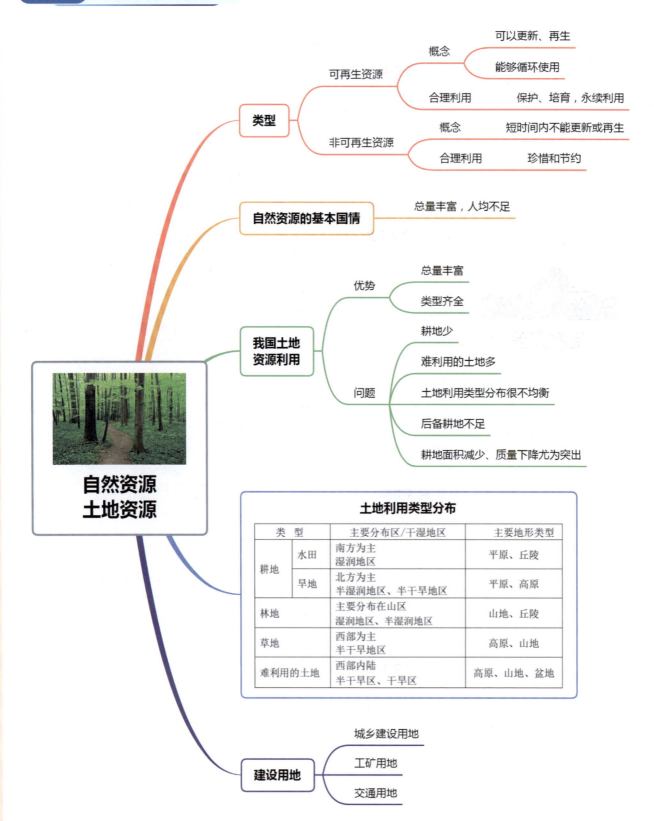

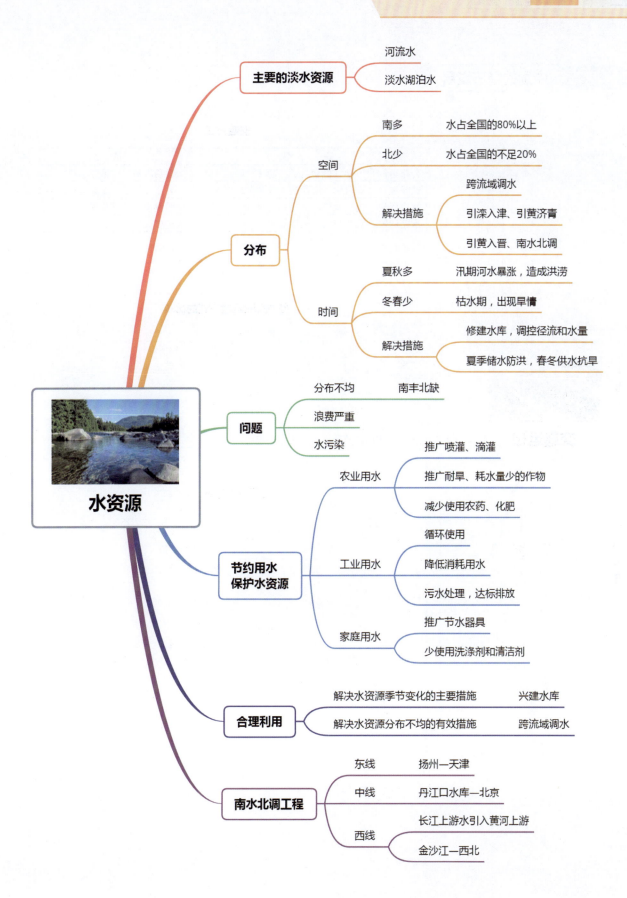

第四章 中国的经济发展

交通方式

运输方式	优 点	缺 点
公路运输	方便、机动灵活、速度较快	运费较贵、运量较小
铁路运输	速度快、运费低、运量大、连续性好	灵活性较差、短途运输成本高
航空运输	速度最快、舒适、安全	运量最小、运费最高
水路运输	运费最低、运量最大	速度最慢、受天气影响较大
管道运输	方便、速度快、运量大、运费低、损耗小、安全可靠、连续性强、管理方便	灵活性差

各种交通运输方式的比较

	飞机	汽车	火车	轮船
运价	最贵	较贵	较便宜	最便宜
运速	最快	较慢	较快	最慢
运量	最小	较小	较大	最大
特点	速度快,价格高,受气候影响大	机动灵活,"从门到门服务"	行程固定,风雨无阻	受气候影响大
最佳选择	贵重或急需的货物而且数量不大	容易死亡或变质的货物(火车由专列运送)	大宗笨重货物,远距离运输(不能水运就用火车)	

交通运输

主要铁路干线

走 向	干线名称	起止点
南北干线 (五纵)	京沪线	北京—上海
	京九线	北京—香港九龙
	京哈线—京广线	哈尔滨—北京—广州
	焦柳线	焦作—柳州
	宝成线—成昆线	宝鸡—成都—昆明
东西干线 (三横)	京包线—包兰线	北京—包头—兰州
	陇海线—兰新线	连云港—兰州—乌鲁木齐
	沪杭线—浙赣线—湘黔线—贵昆线	上海—杭州—南昌—株洲—贵阳—昆明

农业地区分布

	分布	干湿状况	地形	生产基地
畜牧业	西部	半干旱和干旱	高原、山地	四大牧区
种植业			平原和低缓的丘陵、盆地	商品粮基地
林业	东部	湿润和半湿润	山地和丘陵	三大林区
渔业			东部沿海和长江中下游	舟山渔场、鱼米之乡

主要农作物的南北差异

	秦岭—淮河以北	秦岭—淮河以南
耕地类型	旱地	水田
粮食作物	小麦、玉米、高粱、谷子	水稻、冬小麦
油料作物	华北平原的花生、东北平原的大豆	长江中下游平原的油菜
糖料作物	甜菜	甘蔗
棉花	新疆南部、黄河流域	长江流域
耕作制度	东北平原一年一熟、华北平原两年三熟或一年两熟	一年两熟到三熟

三大林区

林区名称	东北林区	西南林区	东南林区
分布区	大、小兴安岭 长白山区	横断山区、雅鲁藏布江大拐弯处和喜马拉雅山南坡	东南丘陵地区
主要树种	针叶林（落叶松、红松）	常绿阔叶林（红木、楠木）	经济林（茶树、毛竹、马尾松、漆树）
林区特点	最大的天然林区	第二大天然林区	人工林区

四大牧区

牧区名称	内蒙古牧区	新疆牧区	青海牧区	西藏牧区
分布	内蒙古自治区	新疆维吾尔自治区	青海省	西藏自治区
优良畜种	三河牛、三河马	细毛羊	牦牛	牦牛、藏绵羊

农业

- 影响因素
  - 自然条件
    - 土地 —— 地形、地势、土壤
    - 气候 —— 气候类型、光照；热量、降水、温差
    - 水源 —— 灌溉水源
  - 其他条件
    - 城市或工矿区的距离（交通运输）
    - 市场需求量、农业技术装备
    - 农民文化技术水平、国家政策
- 发展方向 —— 发展高产、优质、高效、生态、安全农业

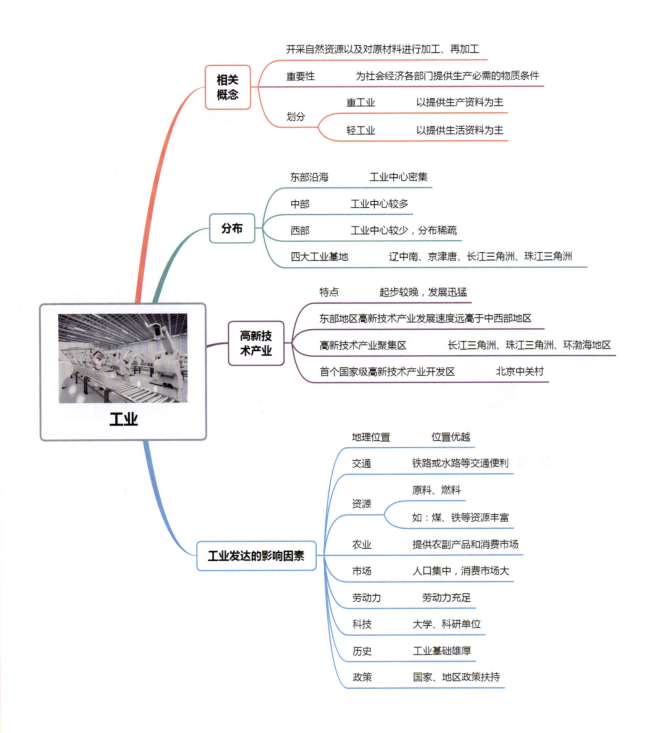

八年级下册《地理》思维导图

第五章 中国的地理差异

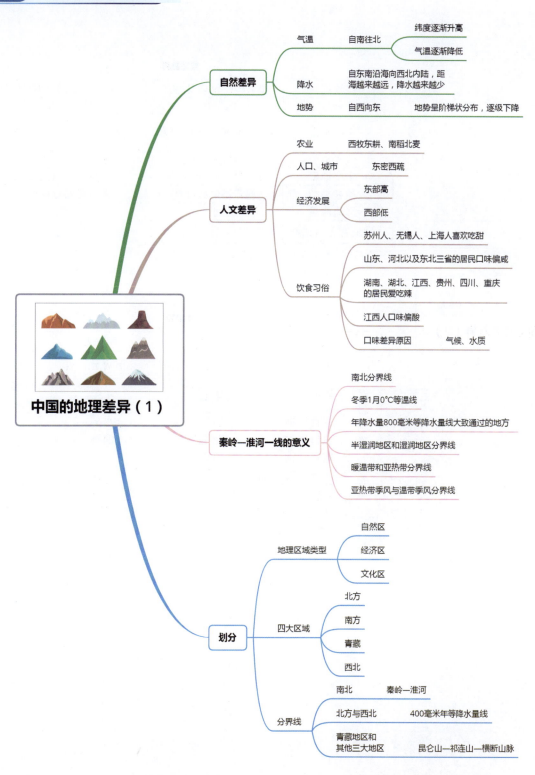

中国的地理差异（1）

- 自然差异
  - 气温 — 自南往北 — 纬度逐渐升高；气温逐渐降低
  - 降水 — 自东南沿海向西北内陆，距海越来越远，降水越来越少
  - 地势 — 自西向东 — 地势呈阶梯状分布，逐级下降

- 人文差异
  - 农业 — 西牧东耕、南稻北麦
  - 人口、城市 — 东密西疏
  - 经济发展 — 东部高；西部低
  - 饮食习俗
    - 苏州人、无锡人、上海人喜欢吃甜
    - 山东、河北以及东北三省的居民口味偏咸
    - 湖南、湖北、江西、贵州、四川、重庆的居民爱吃辣
    - 江西人口味偏酸
    - 口味差异原因 — 气候、水质

- 秦岭—淮河一线的意义
  - 南北分界线
  - 冬季1月0℃等温线
  - 年降水量800毫米等降水量线大致通过的地方
  - 半湿润地区和湿润地区分界线
  - 暖温带和亚热带分界线
  - 亚热带季风与温带季风分界线

- 划分
  - 地理区域类型 — 自然区、经济区、文化区
  - 四大区域 — 北方、南方、青藏、西北
  - 分界线
    - 南北 — 秦岭—淮河
    - 北方与西北 — 400毫米年等降水量线
    - 青藏地区和其他三大地区 — 昆仑山—祁连山—横断山脉

中国的地理差异（2）

自然差异

比较项目	秦岭—淮河以北地区	秦岭—淮河以南地区
1月平均气温	低于0℃	高于0℃
年降水量	少（一般低于800毫米）	多（一般高于800毫米）
气候类型	温带季风气候	亚热带、热带季风气候
主要地形	以平原与高原为主	平原、盆地与高原、丘陵交错
植被类型	温带落叶阔叶林	亚热带常绿阔叶林
河流流量	小	大
河流有无结冰期	有	无

人文差异

		北　方	南　方	差异原因
农耕制度	作物熟制	一年一熟或两年三熟	一年两至三熟	气候
	耕地类型	旱地	水田	气候 地形
	粮食作物	小麦	水稻	气候
	油料作物	花生	油菜	
	糖料作物	甜菜	甘蔗	
	经济作物	棉花、谷子、大豆等	棉花	
传统民居		屋顶坡度较小，墙体较厚	屋顶坡度大，墙体高	气候

第六章 北方地区

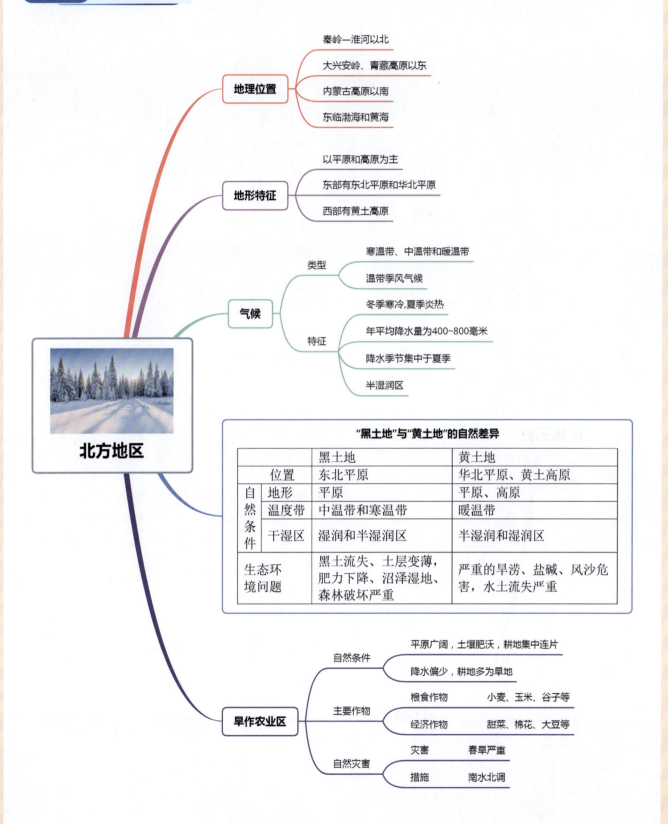

- **北方地区**
  - **地理位置**
    - 秦岭—淮河以北
    - 大兴安岭、青藏高原以东
    - 内蒙古高原以南
    - 东临渤海和黄海
  - **地形特征**
    - 以平原和高原为主
    - 东部有东北平原和华北平原
    - 西部有黄土高原
  - **气候**
    - 类型
      - 寒温带、中温带和暖温带
      - 温带季风气候
    - 特征
      - 冬季寒冷,夏季炎热
      - 年平均降水量为400~800毫米
      - 降水季节集中于夏季
      - 半湿润区
  - "黑土地"与"黄土地"的自然差异

		黑土地	黄土地
自然条件	位置	东北平原	华北平原、黄土高原
	地形	平原	平原、高原
	温度带	中温带和寒温带	暖温带
	干湿区	湿润和半湿润区	半湿润和湿润区
生态环境问题		黑土流失、土层变薄,肥力下降、沼泽湿地、森林破坏严重	严重的旱涝、盐碱、风沙危害,水土流失严重

  - **旱作农业区**
    - 自然条件
      - 平原广阔,土壤肥沃,耕地集中连片
      - 降水偏少,耕地多为旱地
    - 主要作物
      - 粮食作物：小麦、玉米、谷子等
      - 经济作物：甜菜、棉花、大豆等
    - 自然灾害
      - 灾害：春旱严重
      - 措施：南水北调

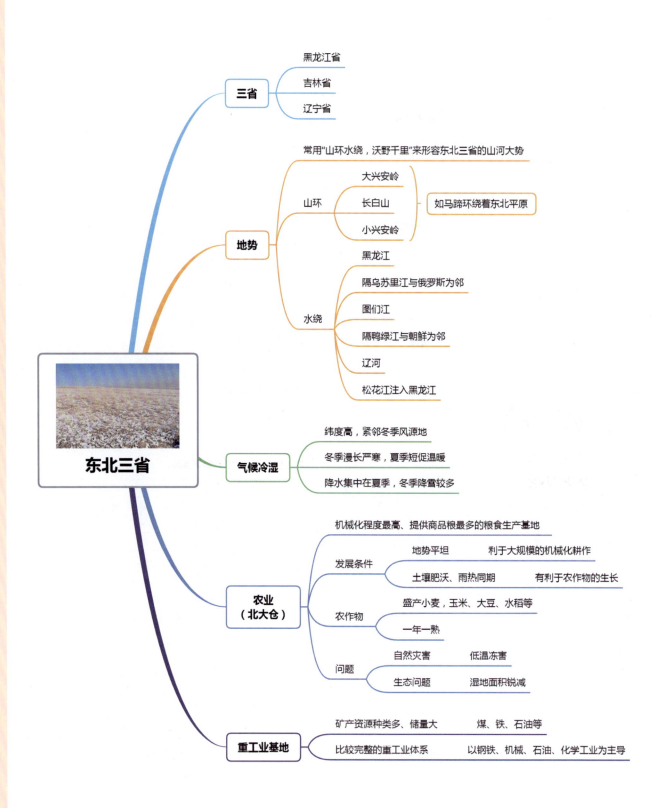

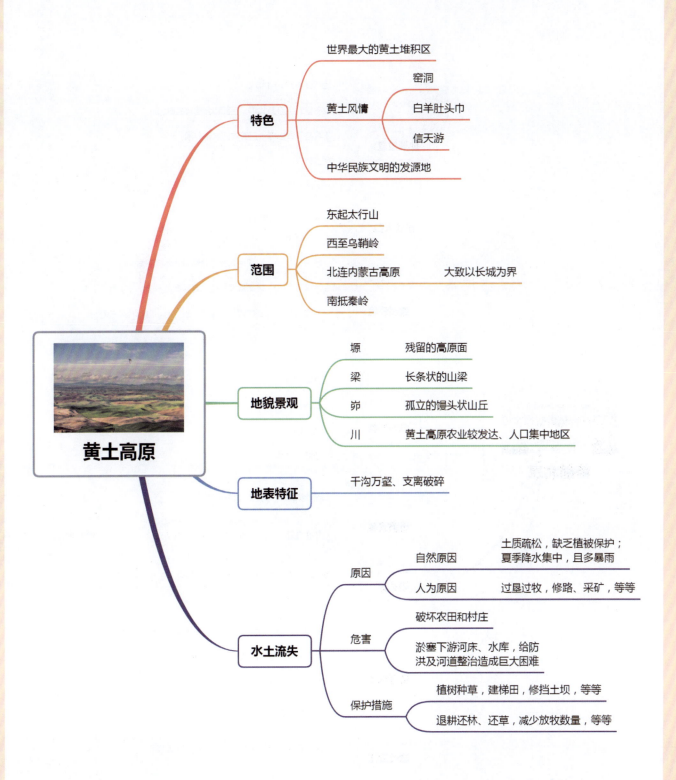

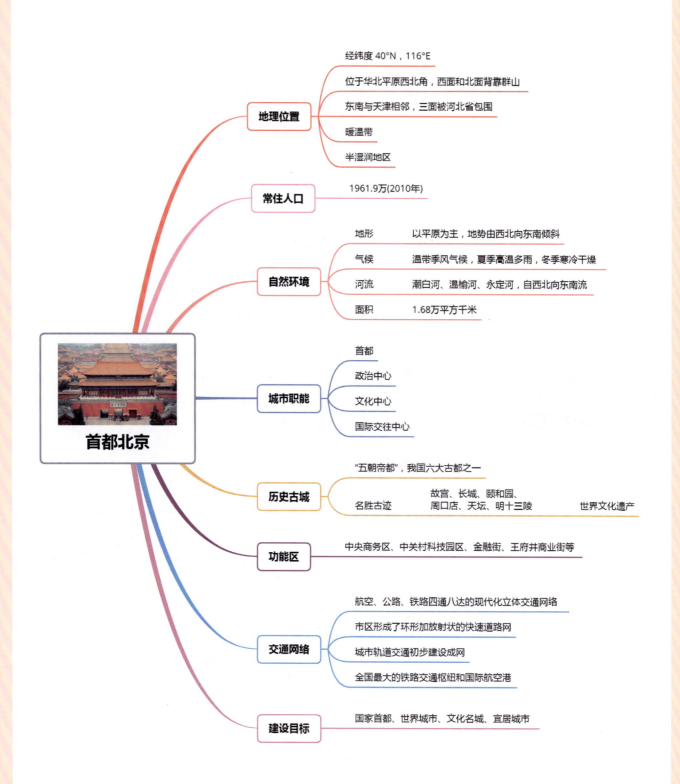

第七章 南方地区

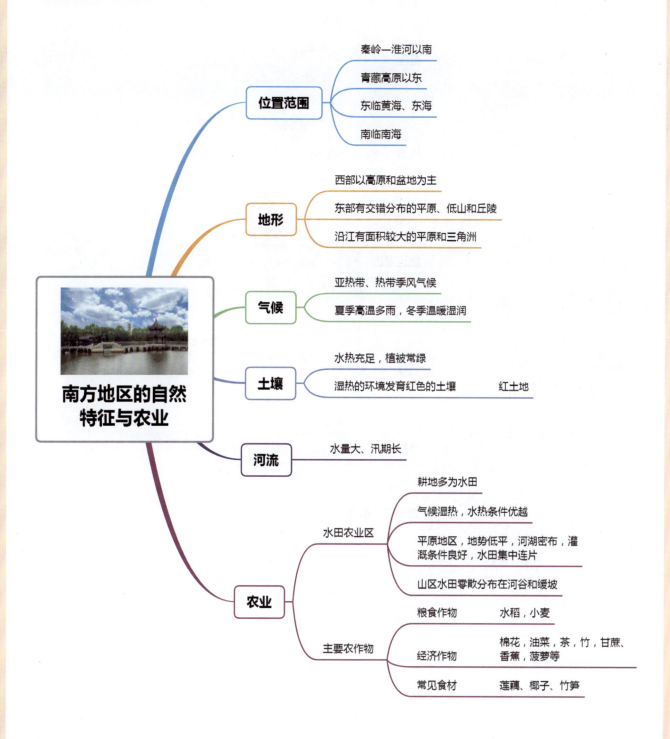

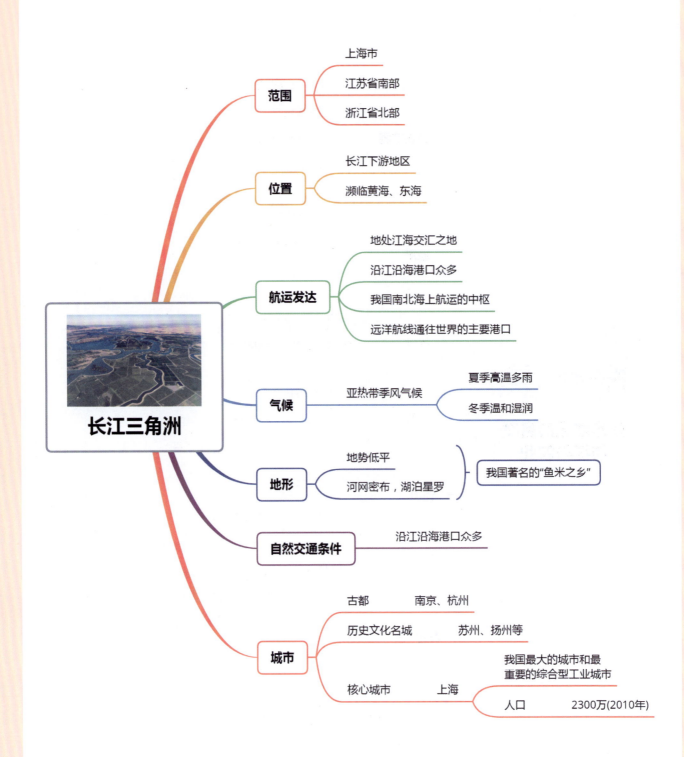

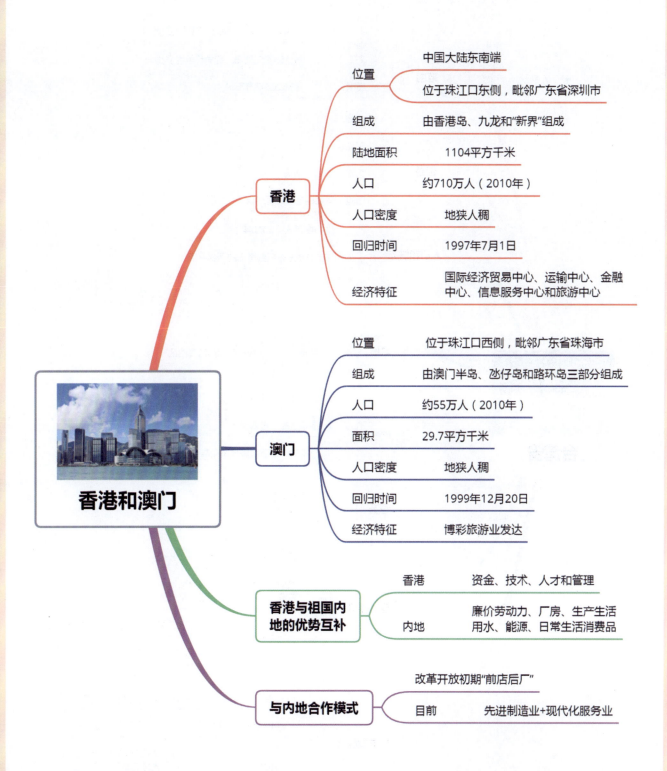

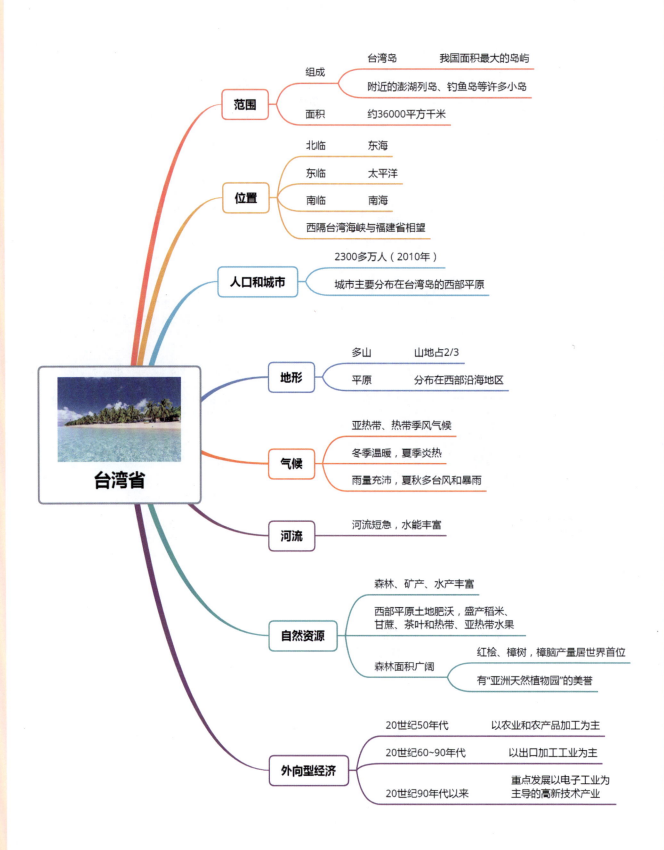

第八章 西北地区

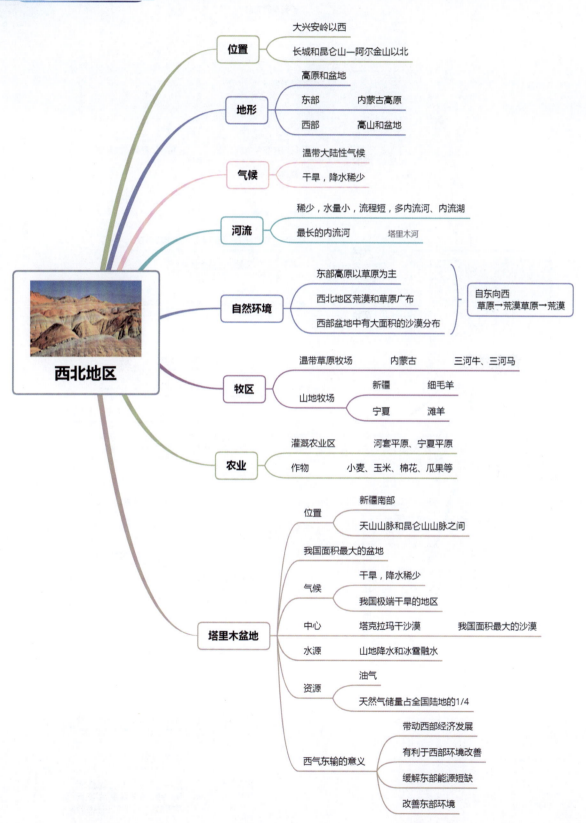

- 西北地区
  - 位置
    - 大兴安岭以西
    - 长城和昆仑山—阿尔金山以北
  - 地形：高原和盆地
    - 东部　内蒙古高原
    - 西部　高山和盆地
  - 气候
    - 温带大陆性气候
    - 干旱，降水稀少
  - 河流
    - 稀少，水量小，流程短，多内流河、内流湖
    - 最长的内流河　塔里木河
  - 自然环境
    - 东部高原以草原为主
    - 西北地区荒漠和草原广布 — 自东向西 草原→荒漠草原→荒漠
    - 西部盆地中有大面积的沙漠分布
  - 牧区
    - 温带草原牧场　内蒙古　三河牛、三河马
    - 山地牧场
      - 新疆　细毛羊
      - 宁夏　滩羊
  - 农业
    - 灌溉农业区　河套平原、宁夏平原
    - 作物　小麦、玉米、棉花、瓜果等
  - 塔里木盆地
    - 位置
      - 新疆南部
      - 天山山脉和昆仑山脉之间
    - 我国面积最大的盆地
    - 气候
      - 干旱，降水稀少
      - 我国极端干旱的地区
    - 中心　塔克拉玛干沙漠　我国面积最大的沙漠
    - 水源　山地降水和冰雪融水
    - 资源
      - 油气
      - 天然气储量占全国陆地的1/4
    - 西气东输的意义
      - 带动西部经济发展
      - 有利于西部环境改善
      - 缓解东部能源短缺
      - 改善东部环境

第九章 青藏地区

- 青藏地区
  - 范围
    - 位于我国西南部
    - 横断山脉以西
    - 昆仑山—祁连山以南
    - 南至国界
  - 地形
    - 高原、山地
    - 平均海拔在4000米以上 —— 世界上最高的大高原
    - 山峰终年积雪，冰川广布
  - 气候
    - 高原山地气候
    - 海拔高，空气稀薄，日照充足，太阳辐射强
    - 冬寒夏凉、年温差小、日温差大
  - 畜牧
    - 高寒牧场　青海和西藏　牦牛、藏绵羊
  - 农业
    - 河谷农业区
      - 雅鲁藏布江谷地
      - 东部的湟水谷地
      - 有利条件：气温较温凉，土质较肥沃
    - 主要作物：青稞、小麦
  - 三江源地区
    - 位置：青海省南部
    - 长江、黄河、澜沧江的源头
      - 长江总水量的25%
      - 黄河总水量的49%
      - 澜沧江总水量的15%
      - 中华水塔
    - 水源
      - 来源于雪山和冰川融水
      - 调蓄湖泊和沼泽
    - 生态意义
      - 世界上海拔最高、面积最大的高原湿地
      - 世界上高海拔地区生物多样性最集中的地区
    - 生态
      - 问题
        - 全球气候变暖，湖泊、湿地面积不断缩小甚至干涸
        - 过度放牧、乱采滥挖，草地沙化严重、虫鼠猖獗、野生动物锐减
      - 保护措施
        - 设立自然保护区
        - 退耕还草（林），全面禁猎、禁采砂金，休牧育草，实施天然林和天然牧场保护工程等措施

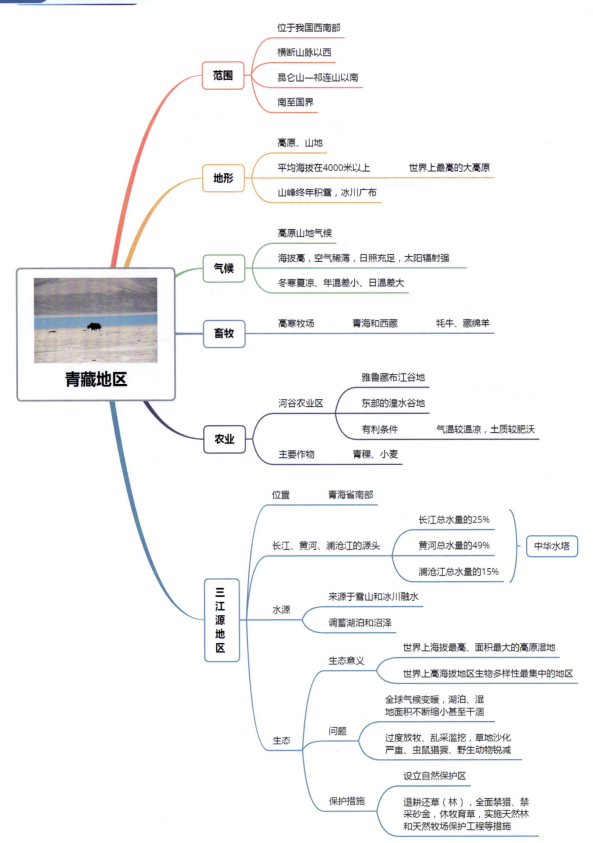

第十章 中国在世界中

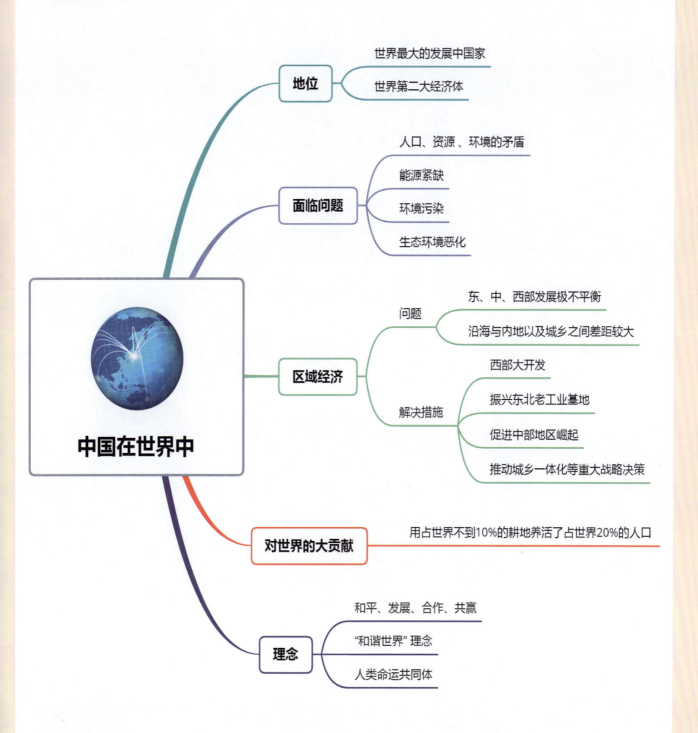

生　物

八年级上册《生物》思维导图

第五单元　生物圈中的其他生物

第一章　动物的主要类群

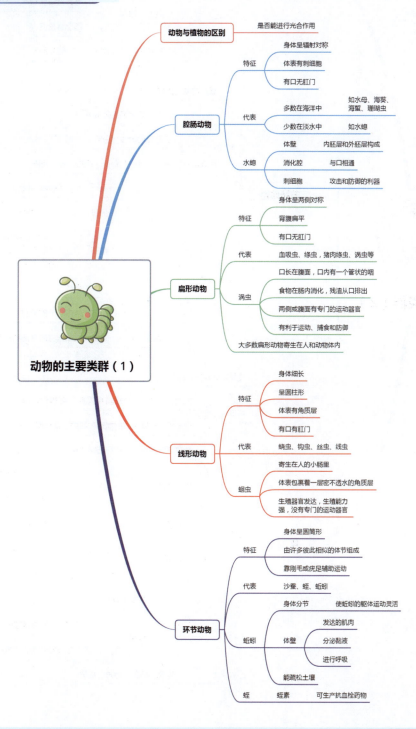

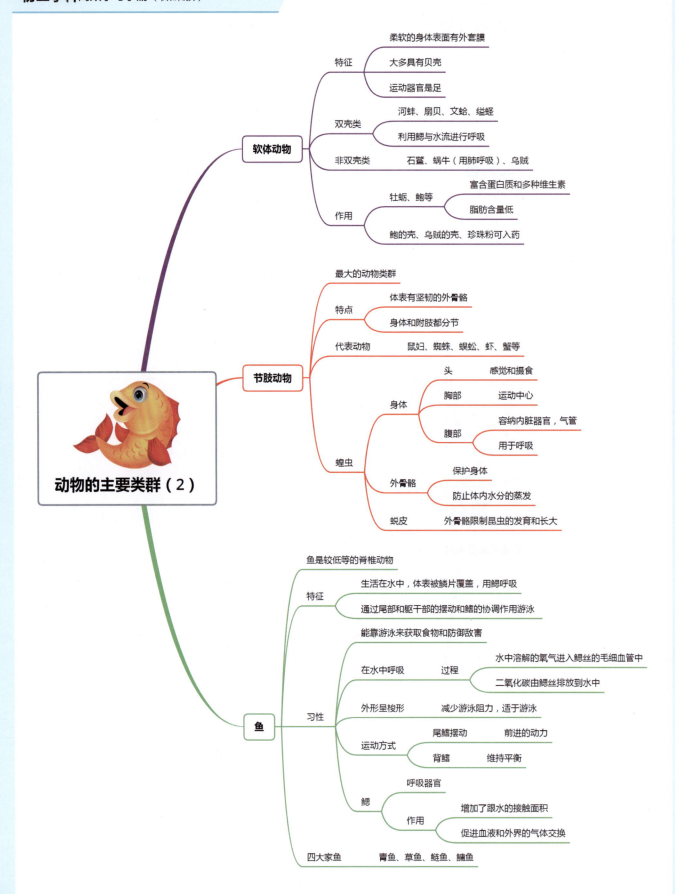

八年级上册《生物》思维导图

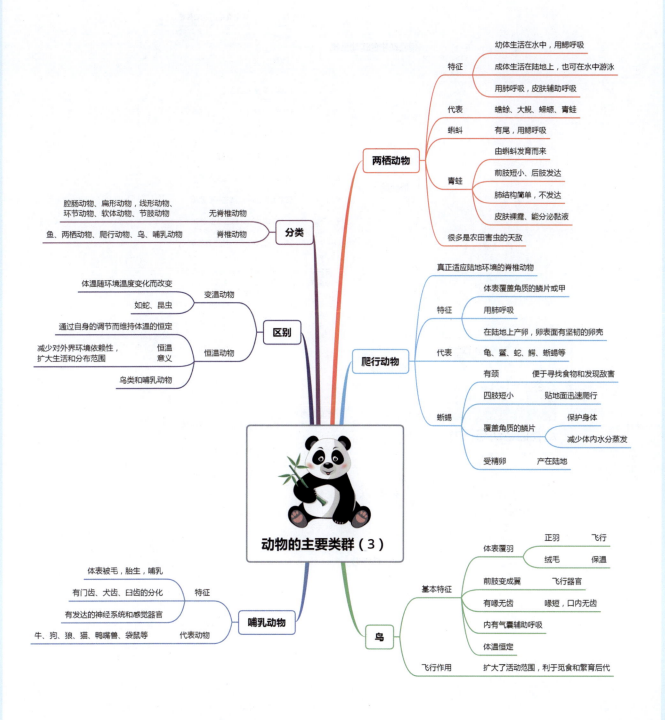

85

第二章 动物的运动与行为

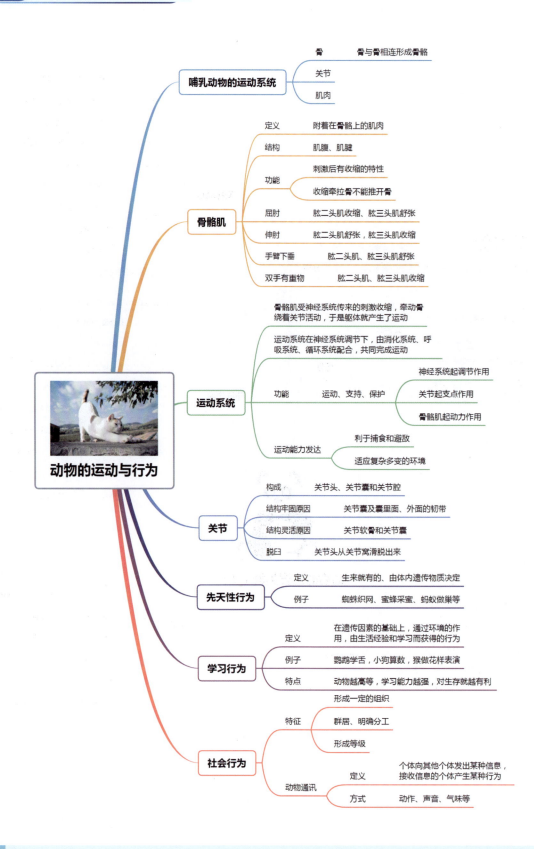

第三章 动物在生物圈中的作用

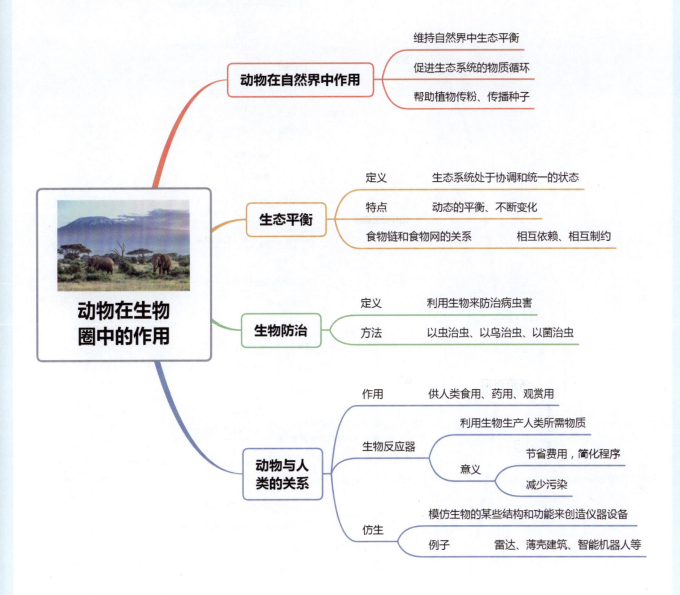

第四章 分布广泛的细菌和真菌

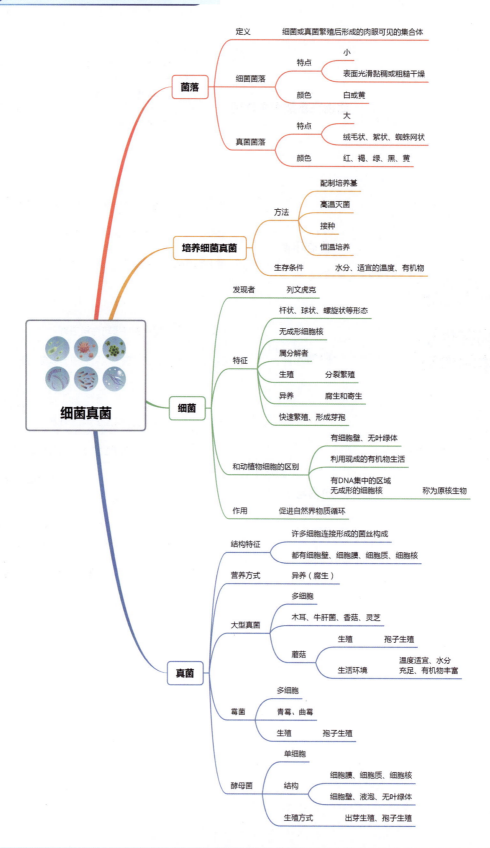

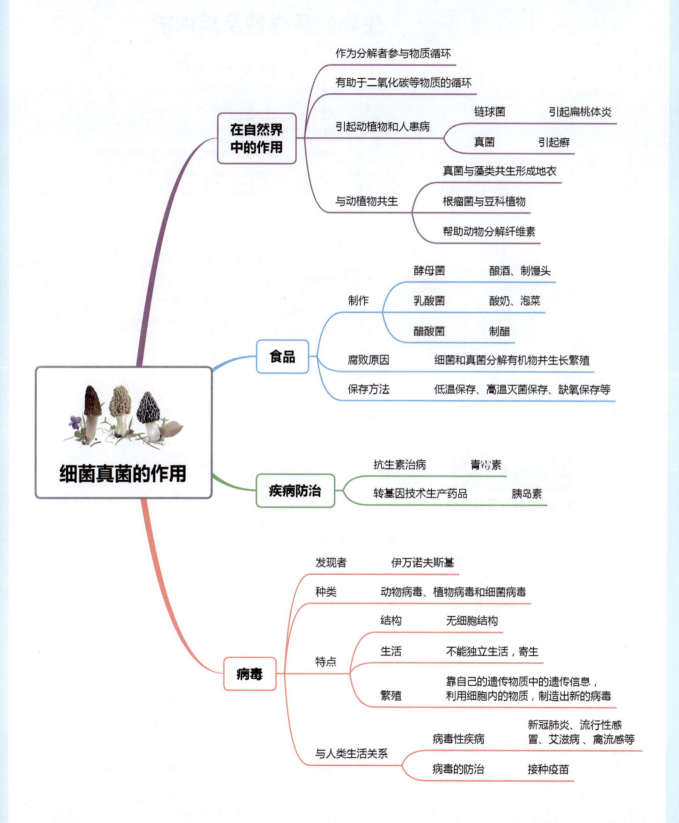

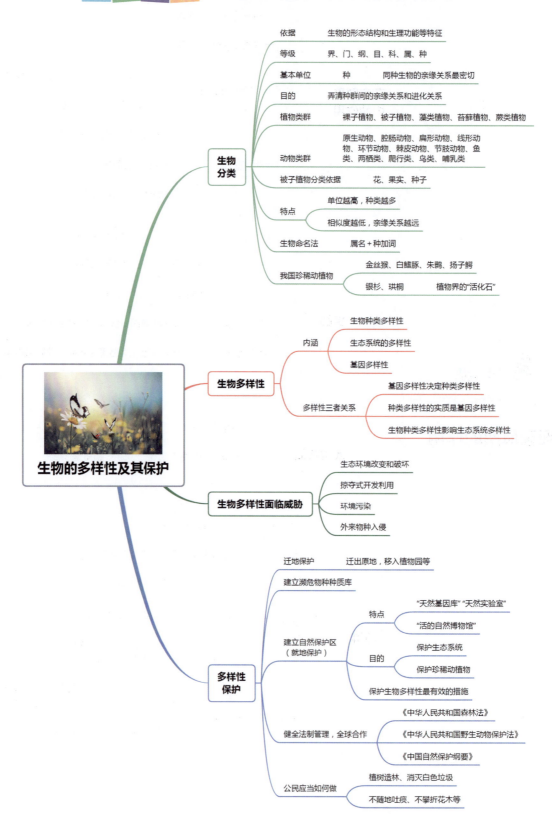

八年级下册《生物》思维导图

第七单元 生物圈中生命的延续和发展

第一章 生物的生殖和发育

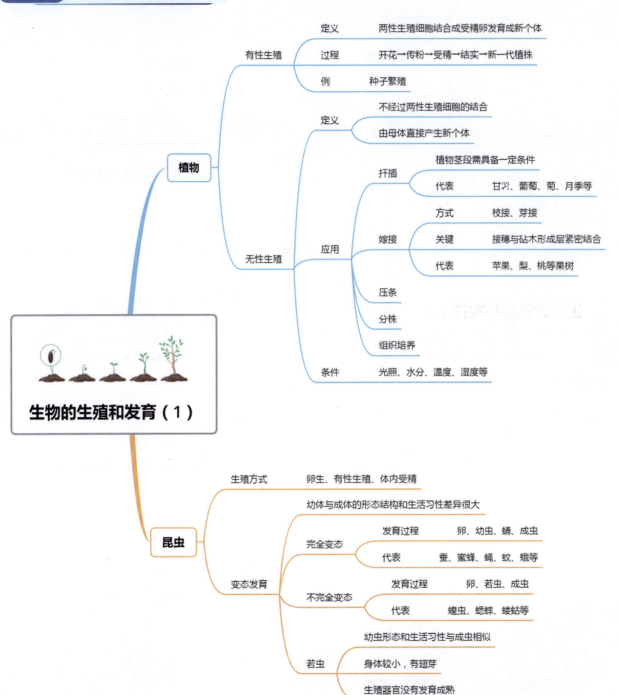

生物的生殖和发育（1）

- 植物
  - 有性生殖
    - 定义：两性生殖细胞结合成受精卵发育成新个体
    - 过程：开花→传粉→受精→结实→新一代植株
    - 例：种子繁殖
  - 无性生殖
    - 定义
      - 不经过两性生殖细胞的结合
      - 由母体直接产生新个体
    - 应用
      - 扦插
        - 植物茎段需具备一定条件
        - 代表：甘薯、葡萄、菊、月季等
      - 嫁接
        - 方式：枝接、芽接
        - 关键：接穗与砧木形成层紧密结合
        - 代表：苹果、梨、桃等果树
      - 压条
      - 分株
      - 组织培养
    - 条件：光照、水分、温度、湿度等

- 昆虫
  - 生殖方式：卵生、有性生殖、体内受精
  - 幼体与成体的形态结构和生活习性差异很大
  - 变态发育
    - 完全变态
      - 发育过程：卵、幼虫、蛹、成虫
      - 代表：蚕、蜜蜂、蝇、蚊、蛾等
    - 不完全变态
      - 发育过程：卵、若虫、成虫
      - 代表：蝗虫、蟋蟀、蝼蛄等
  - 若虫
    - 幼虫形态和生活习性与成虫相似
    - 身体较小，有翅芽
    - 生殖器官没有发育成熟

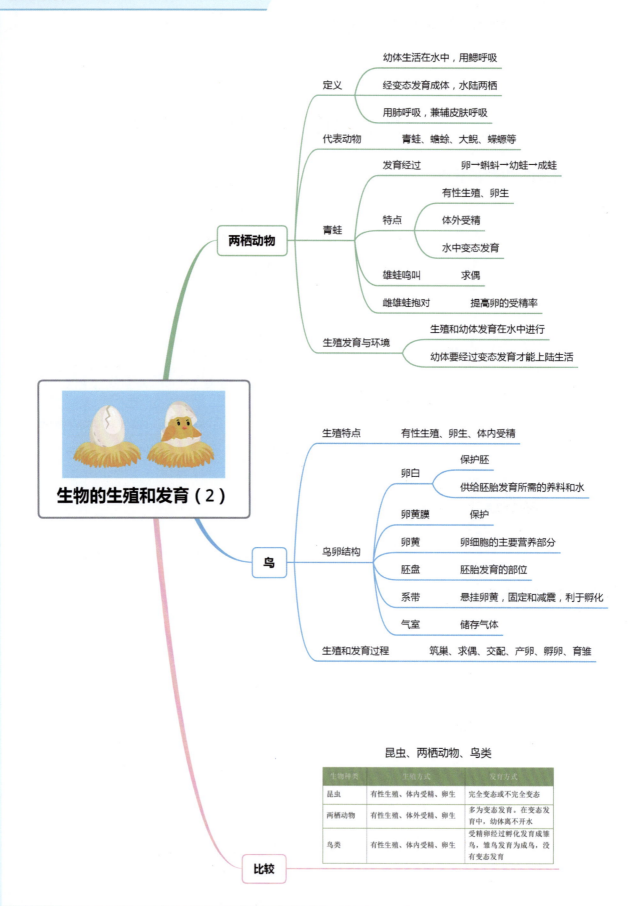

第二章 生物的遗传和变异

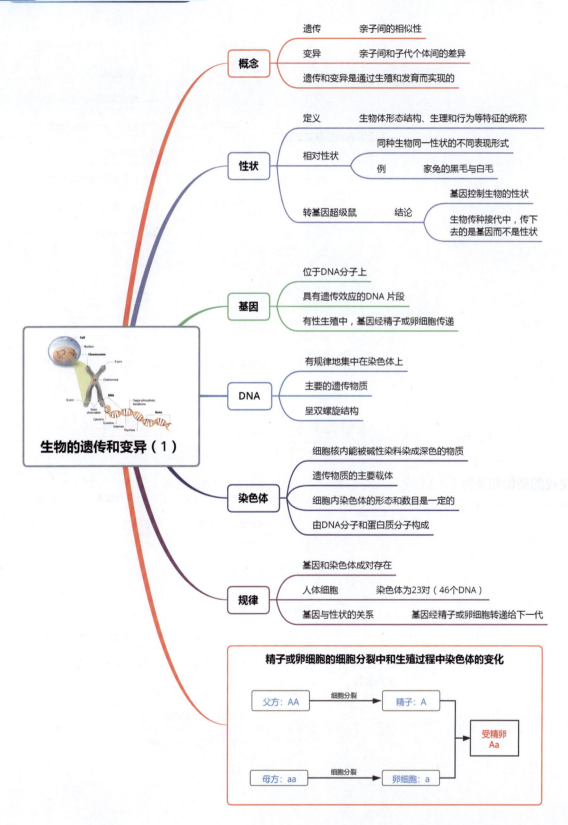

- **概念**
  - 遗传　　亲子间的相似性
  - 变异　　亲子间和子代个体间的差异
  - 遗传和变异是通过生殖和发育而实现的

- **性状**
  - 定义　　生物体形态结构、生理和行为等特征的统称
  - 相对性状
    - 同种生物同一性状的不同表现形式
    - 例　　家兔的黑毛与白毛
  - 转基因超级鼠　　结论
    - 基因控制生物的性状
    - 生物传种接代中，传下去的是基因而不是性状

- **基因**
  - 位于DNA分子上
  - 具有遗传效应的DNA片段
  - 有性生殖中，基因经精子或卵细胞传递

- **DNA**
  - 有规律地集中在染色体上
  - 主要的遗传物质
  - 呈双螺旋结构

生物的遗传和变异（1）

- **染色体**
  - 细胞核内能被碱性染料染成深色的物质
  - 遗传物质的主要载体
  - 细胞内染色体的形态和数目是一定的
  - 由DNA分子和蛋白质分子构成

- **规律**
  - 基因和染色体成对存在
  - 人体细胞　　染色体为23对（46个DNA）
  - 基因与性状的关系　　基因经精子或卵细胞转递给下一代

精子或卵细胞的细胞分裂中和生殖过程中染色体的变化

父方：AA →（细胞分裂）→ 精子：A ┐
                                    ├→ 受精卵 Aa
母方：aa →（细胞分裂）→ 卵细胞：a ┘

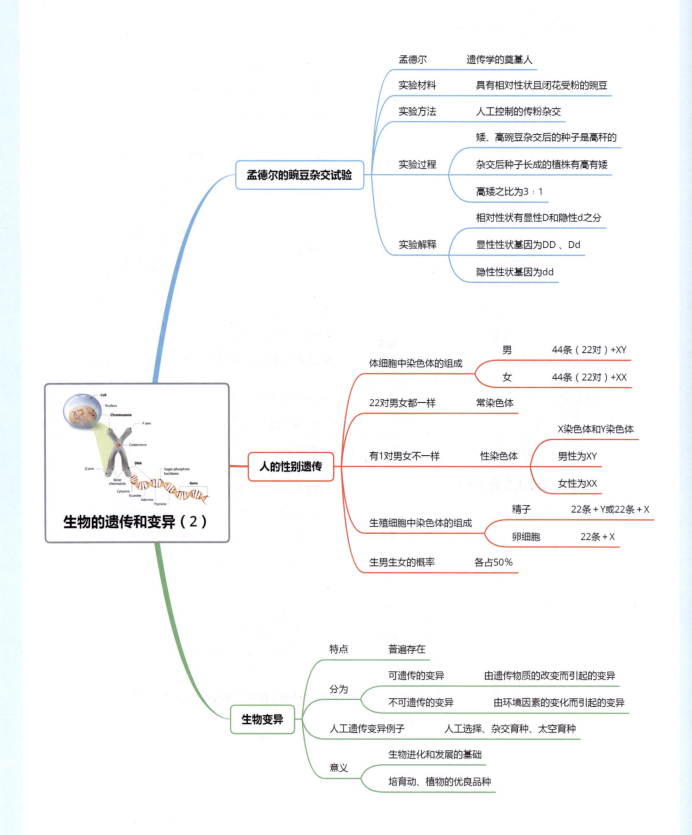

第三章 生物的进化

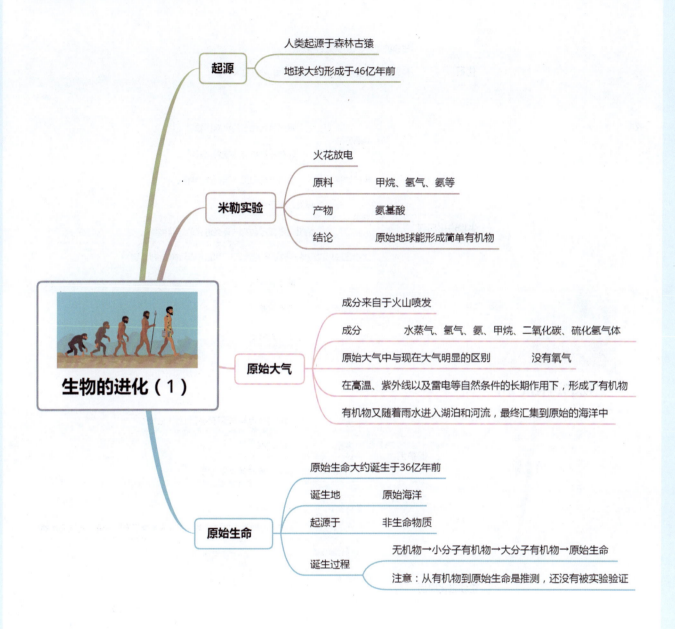

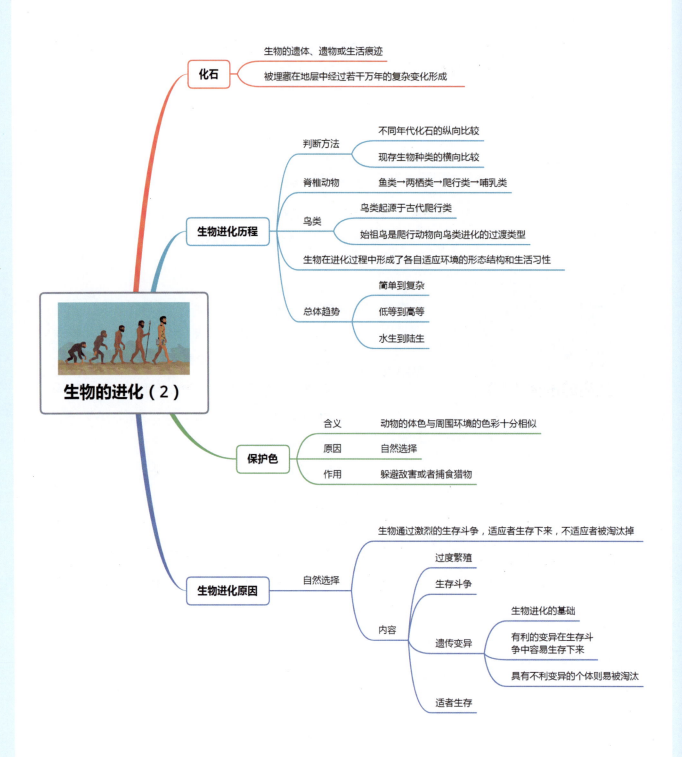

第八单元 健康的生活

第一章 传染病和免疫

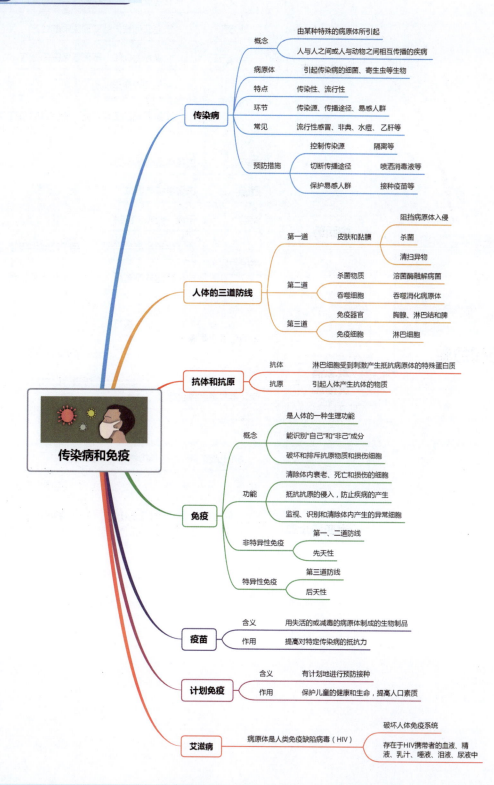

传染病和免疫

- **传染病**
  - 概念
    - 由某种特殊的病原体所引起
    - 人与人之间或人与动物之间相互传播的疾病
  - 病原体：引起传染病的细菌、寄生虫等生物
  - 特点：传染性、流行性
  - 环节：传染源、传播途径、易感人群
  - 常见：流行性感冒、非典、水痘、乙肝等
  - 预防措施
    - 控制传染源——隔离等
    - 切断传播途径——喷洒消毒液等
    - 保护易感人群——接种疫苗等

- **人体的三道防线**
  - 第一道：皮肤和黏膜
    - 阻挡病原体入侵
    - 杀菌
    - 清扫异物
  - 第二道
    - 杀菌物质——溶菌酶融解病菌
    - 吞噬细胞——吞噬消化病原体
  - 第三道
    - 免疫器官——胸腺、淋巴结和脾
    - 免疫细胞——淋巴细胞

- **抗体和抗原**
  - 抗体：淋巴细胞受到刺激产生抵抗病原体的特殊蛋白质
  - 抗原：引起人体产生抗体的物质

- **免疫**
  - 概念
    - 是人体的一种生理功能
    - 能识别"自己"和"非己"成分
  - 功能
    - 破坏和排斥抗原物质和损伤细胞
    - 清除体内衰老、死亡和损伤的细胞
    - 抵抗抗原的侵入，防止疾病的产生
    - 监视、识别和清除体内产生的异常细胞
  - 非特异性免疫
    - 第一、二道防线
    - 先天性
  - 特异性免疫
    - 第三道防线
    - 后天性

- **疫苗**
  - 含义：用失活的或减毒的病原体制成的生物制品
  - 作用：提高对特定传染病的抵抗力

- **计划免疫**
  - 含义：有计划地进行预防接种
  - 作用：保护儿童的健康和生命，提高人口素质

- **艾滋病**
  - 病原体是人类免疫缺陷病毒（HIV）
    - 破坏人体免疫系统
    - 存在于HIV携带者的血液、精液、乳汁、唾液、泪液、尿液中

第二章 用药和急救

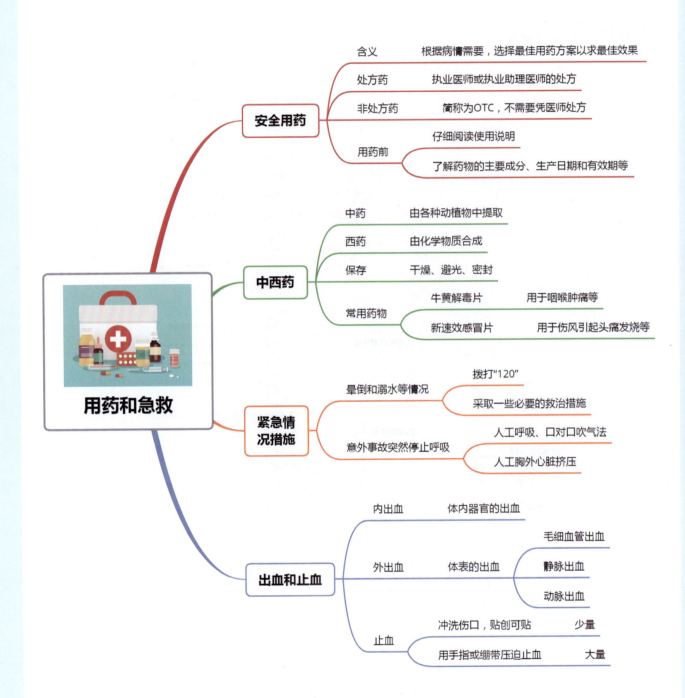

第三章 了解自己 增进健康

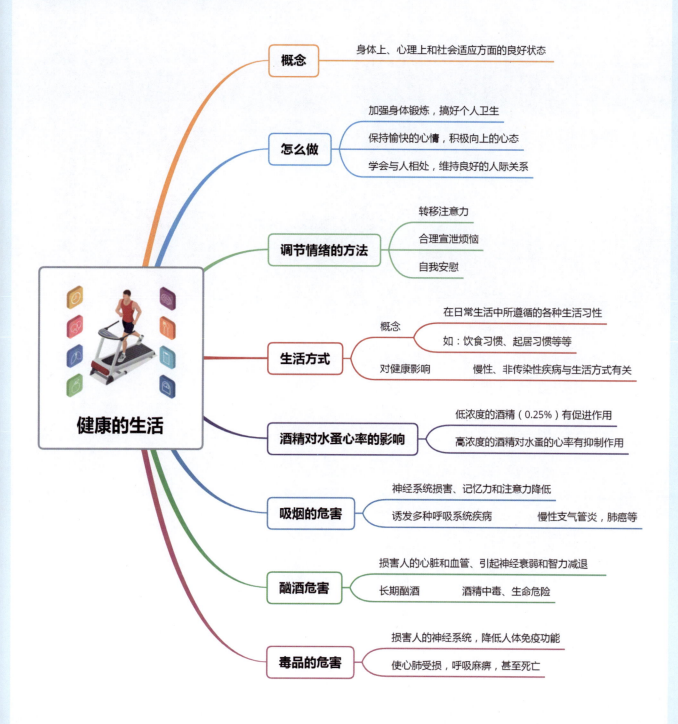

八年级上册《语文》思维导图与综合知识

八年级上册 古诗词理解性默写

1. 野望

王绩

东皋薄暮望，徙倚欲何依。
树树皆秋色，山山唯落晖。
牧人驱犊返，猎马带禽归。
相顾无相识，长歌怀采薇。

(1) 诗中写秋天山林之静景的诗句是"树树皆秋色，山山唯落晖"。
(2) 诗中抒发作者孤独抑郁的心情和避世退隐的愿望的诗句是"相顾无相识，长歌怀采薇"。

★2. 黄鹤楼

崔颢

昔人已乘黄鹤去，此地空余黄鹤楼。
黄鹤一去不复返，白云千载空悠悠。
晴川历历汉阳树，芳草萋萋鹦鹉洲。
日暮乡关何处是？烟波江上使人愁。

(1) 诗人崔颢登上黄鹤楼，用这两句"昔人已乘黄鹤去，此地空余黄鹤楼"，感叹岁月不再、世事茫茫，时光一去不复返。
(2) 诗中描绘了明朗秀美、草木争荣的风光的诗句是"晴川历历汉阳树，芳草萋萋鹦鹉洲"。
(3) 诗中表现出游子思乡之情的诗句是"日暮乡关何处是？烟波江上使人愁"。

★3. 使至塞上

王维

单车欲问边，属国过居延。
征蓬出汉塞，归雁入胡天。
大漠孤烟直，长河落日圆。
萧关逢候骑，都护在燕然。

(1) 诗人以"蓬""雁"自比，表达出激愤和抑郁的情感的诗句是"征蓬出汉塞，归雁入胡天"。
(2) 诗中描绘了一幅苍茫雄浑、壮阔瑰丽的大漠风光图的诗句是"大漠孤烟直，长河落日圆"。

4. 渡荆门送别

李白

渡远荆门外，来从楚国游。山随平野尽，江入大荒流。
月下飞天镜，云生结海楼。仍怜故乡水，万里送行舟。

(1) 诗中展示出了一幅气势磅礴的万里长江图的诗句是"山随平野尽，江入大荒流"。
(2) "月下飞天镜，云生结海楼"这两句诗用江面月影反衬江水平静，极富想象力。
(3) 诗中运用拟人的修辞手法，抒发了思乡之情的诗句是"仍怜故乡水，万里送行舟"。

★5. 钱塘湖春行

白居易

孤山寺北贾亭西，水面初平云脚低。
几处早莺争暖树，谁家新燕啄春泥。
乱花渐欲迷人眼，浅草才能没马蹄。
最爱湖东行不足，绿杨阴里白沙堤。

(1) "几处早莺争暖树，谁家新燕啄春泥"这两句诗，借莺歌和燕舞来传达春天来临的信息，表达诗人的喜悦之情。
(2) 诗中通过写花草向荣的趋势，表现出早春景象的句子是"乱花渐欲迷人眼，浅草才能没马蹄"。
(3) 诗中最能表现出诗人对西湖春景的喜爱与不舍之情的诗句是"最爱湖东行不足，绿杨阴里白沙堤"。

6. 庭中有奇树

《古诗十九首》

庭中有奇树，绿叶发华滋。
攀条折其荣，将以遗所思。
馨香盈怀袖，路远莫致之。
此物何足贵？但感别经时。

诗中通过描写绿叶和花朵，呈现出春意盎然的景象的诗句是"庭中有奇树，绿叶发华滋"。

7. 龟虽寿

曹操

神龟虽寿，犹有竟时；
腾蛇乘雾，终为土灰。
老骥伏枥，志在千里；
烈士暮年，壮心不已。
盈缩之期，不但在天；
养怡之福，可得永年。
幸甚至哉，歌以咏志。

诗中用这四句"老骥伏枥，志在千里；烈士暮年，壮心不已"，表现出了诗人不因年老体衰而减少自己远大抱负的思想，与陆游的"僵卧孤村不自哀，尚思为国戍轮台"意境相同。

8. 赠从弟（其二）

刘桢

亭亭山上松，瑟瑟谷中风。风声一何盛，松枝一何劲！
冰霜正惨凄，终岁常端正。岂不罹凝寒？松柏有本性。

"岂不罹凝寒？松柏有本性"，诗人用一问一答的形式，阐明松柏不畏严寒是因为性格坚毅。

9. 梁甫行

曹植

八方各异气，千里殊风雨。剧哉边海民，寄身于草野。
妻子象禽兽，行止依林阻。柴门何萧条，狐兔翔我宇。

(1) 诗中通过"妻子象禽兽，行止依林阻"，对妻子以及孩子的整体形象进行描写，体现出海边人民生活的艰辛。

(2) "柴门何萧条，狐兔翔我宇"，通过侧面描写反衬出海边人们生活环境的荒凉，以及人们生活的凄苦。

★10. 饮酒（其五）

陶渊明

结庐在人境，而无车马喧。
问君何能尔？心远地自偏。
采菊东篱下，悠然见南山。
山气日夕佳，飞鸟相与还。
此中有真意，欲辨已忘言。

(1) "问君何能尔？心远地自偏"这两句诗用问答形式，阐明诗人认为只要内心清静就能远离喧嚣的观念。

(2) 诗中最能展现诗人闲逸自在、热爱自然、心胸旷达的诗句是"采菊东篱下，悠然见南山"。

(3) 诗人借鸟儿结伴而归，寄托自己隐居田园的人生理想的诗句是"山气日夕佳，飞鸟相与还"。

(4) 体现诗人醉心于自然美景的这种人生乐趣，只可意会，不可言传的诗句是"此中有真意，欲辨已忘言"。

★11. 春望

杜甫

国破山河在，城春草木深。
感时花溅泪，恨别鸟惊心。
烽火连三月，家书抵万金。
白头搔更短，浑欲不胜簪。

(1) 诗人描写国都沦陷、杂草丛生、人烟稀少的衰败景象的诗句是"国破山河在，城春草木深"。

(2) 诗中借花鸟抒发诗人悲愤之情的诗句是"感时花溅泪，恨别鸟惊心"。

(3) 反映了诗人因在乱中消息隔绝，盼望得到亲人音讯的迫切心情的句子是"烽火连三月，家书抵万金"。

★12. 雁门太守行

李贺

黑云压城城欲摧，甲光向日金鳞开。
角声满天秋色里，塞上燕脂凝夜紫。
半卷红旗临易水，霜重鼓寒声不起。
报君黄金台上意，提携玉龙为君死。

(1) 诗中写出敌军数量众多，来势凶猛的诗句是"黑云压城城欲摧，甲光向日金鳞开"。
(2) 诗中从声、色两个方面描写战地阴寒的氛围的诗句是"角声满天秋色里，塞上燕脂凝夜紫"。
(3) "报君黄金台上意，提携玉龙为君死"这两句诗借"燕昭筑台"的历史典故，表达诗人忠君爱国，为国建功的志向。

★13. 赤壁

杜牧

折戟沉沙铁未销，自将磨洗认前朝。
东风不与周郎便，铜雀春深锁二乔。

(1) 诗人借前朝遗物，感叹岁月流逝，物是人非的句子是"折戟沉沙铁未销，自将磨洗认前朝"。
(2) 诗中通过历史上英雄成名的机遇，表露自己怀才不遇的郁闷心情的诗句是"东风不与周郎便，铜雀春深锁二乔"。

★14. 渔家傲

李清照

天接云涛连晓雾，星河欲转千帆舞。仿佛梦魂归帝所，闻天语，殷勤问我归何处。　我报路长嗟日暮，学诗谩有惊人句。九万里风鹏正举。风休住，蓬舟吹取三山去。

(1) 词人用"天接云涛连晓雾，星河欲转千帆舞"这两句展现了一幅辽阔、壮美的海天一色图。
(2) 词中用"闻天语，殷勤问我归何处"塑造了慈祥温和、关心人民疾苦的天帝形象。
(3) 词中感慨自己空有才华，但却无处施展，抒发对现实的不满和胸中的愤懑的句子是"我报路长嗟日暮，学诗谩有惊人句"。

★15. 浣溪沙

晏殊

一曲新词酒一杯。去年天气旧亭台。夕阳西下几时回？
无可奈何花落去，似曾相识燕归来。小园香径独徘徊。

(1) 词中构成"新"与"旧"对比的词句是"一曲新词酒一杯，去年天气旧亭台"。
(2) "无可奈何花落去，似曾相识燕归来"这两句，用虚字构成工整的对仗，声韵和谐，寓意深婉，将自然现象与人的感受巧妙结合，生发出值得玩味的情趣，是这首词的点睛之笔。

16. 采桑子

欧阳修

轻舟短棹西湖好，绿水逶迤。芳草长堤，隐隐笙歌处处随。　无风水面琉璃滑，不觉船移。微动涟漪，惊起沙禽掠岸飞。

通过对禽鸟的描写，呈现出西湖动感的句子是"微动涟漪，惊起沙禽掠岸飞"。

17. 相见欢

朱敦儒

金陵城上西楼，倚清秋。万里夕阳垂地大江流。　中原乱，簪缨散，几时收？试倩悲风吹泪过扬州。

表现词人渴望早日恢复中原，还于旧都的强烈愿望的句子是"中原乱，簪缨散，几时收？"。

18. 如梦令

李清照

常记溪亭日暮，沉醉不知归路。兴尽晚回舟，误入藕花深处。争渡，争渡，惊起一滩鸥鹭。

"争渡，争渡，惊起一滩鸥鹭"表现出了词人希望从迷途中找寻出路的急切心情。

八年级上册 文言文理解性默写

★1.《三峡》

(1) 文中"自非亭午夜分,不见曦月"从侧面衬托出三峡山势的雄伟和险峻,极富想象。

(2) 文中用快马和疾风做对比,凸显行船之快的句子是"虽乘奔御风,不以疾也"。

(3) 文中写出了春冬之时,人们俯视江面所见的水色各异、风光秀丽的景象的句子是"素湍绿潭,回清倒影"。

(4) 文中"巴东三峡巫峡长,猿鸣三声泪沾裳"两句将峡的长和猿鸣之哀结合起来,渲染三峡秋天悲凉肃杀的气氛,也侧面表现出了渔者们生活的辛苦和艰难。

★2.《答谢中书书》

(1) 文中直抒胸臆,赞美山川美景,又能统领全文的句子是"山川之美,古来共谈"。

(2) 文中描写山高水清的句子是"高峰入云,清流见底"。

(3) 描写景物和色彩搭配之美的语句是"两岸石壁,五色交辉。青林翠竹,四时俱备"。

(4) 描写夕阳西下时鱼儿争先恐后跳出水面的情景的句子是"夕日欲颓,沉鳞竞跃"。

(5) 表达诗人闲适自得,希望觅得知音共赏美景的句子是"自康乐以来,未复有能与其奇者"。

★3.《记承天寺夜游》

(1) 文中描绘庭中夜色,月光清朗、竹影斑驳的句子是"庭下如积水空明,水中藻、荇交横,盖竹柏影也"。

(2) "何夜无月?何处无竹柏?但少闲人如吾两人者耳"表现出苏轼和友人欣赏庭中月色的闲情雅致,同时也含蓄地反映出苏轼官场失意的苦闷。

4.《与朱元思书》

(1) 文中描写鱼儿自由游弋,江水清澈见底的句子是"游鱼细石,直视无碍"。

(2) 文中描写水流湍急的句子是"急湍甚箭,猛浪若奔"。

(3) 文中"蝉则千转不穷,猿则百叫无绝",从听觉入手,用"蝉"与"猿"的鸣叫渲染出山中境界的优美和奇特。

★5.《〈孟子〉三章》

(1)《得道多助,失道寡助》中,孟子通过论述战争成败的几个因素,强调人心所向是制胜关键的句子是"天时不如地利,地利不如人和"。

(2)《得道多助,失道寡助》中,表达作者核心思想的句子是"得道者多助,失道者寡助"。

(3)《得道多助,失道寡助》中,阐明了施行"仁政"的具体措施的句子是,"域民不以封疆之界,固国不以山溪之险,威天下不以兵革之利"。

(4)《富贵不能淫》中,作者从得志和失志两个方面写如何做大丈夫的句子是"得志,与民由之;不得志,独行其道"。

(5)《富贵不能淫》中,孟子认为真正的大丈夫应该是"富贵不能淫,贫贱不能移,威武不能屈"。

(6)《生于忧患,死于安乐》中,启示我们要有危机感和忧患意识,要懂得居安思危的句子是"生于忧患,死于安乐"。

(7) 《生于忧患，死于安乐》中写经过艰苦环境的磨炼从而获得益处的句子是"所以动心忍性，曾益其所不能"。

(8) 孟子在《生于忧患，死于安乐》中，从"入则无法家拂士，出则无敌国外患者"两个方面论证了国家衰亡的原因。

6.《愚公移山》

(1) 文中陈述愚公移山的原因的句子是"惩山北之塞，出入之迂也"。

(2) 文中表明了愚公移山的坚定决心，分析最终能获得成功的理由的句子是"子子孙孙无穷匮也，而山不加增，何苦而不平？"。

八年级上册 文学常识梳理

1. 《消息二则》包括《我三十万大军胜利南渡长江》和《人民解放军百万大军横渡长江》，选自1949年的《人民日报》，作者是毛泽东，字润之，诗人，伟大的马克思主义者，革命家、军事家、思想家，中国共产党、中国人民解放军和中华人民共和国的主要缔造者。

新闻包括消息、通讯、报告文学等。消息是新闻的一种。消息的三个特点：真实性、及时性、简明性。消息的结构，一般包括标题、导语、主体、结语和背景五部分。

2. 《首届诺贝尔奖颁发》选自《百年好文章——路透社新闻佳作》。诺贝尔奖，是以瑞典著名的化学家诺贝尔的部分遗产作为基金创立的，于1901年首次颁发。诺贝尔奖分设物理学、化学、生理学或医学、文学及和平事业五个奖项。

3. 《"飞天"凌空——跳水姑娘吕伟夺魁记》是一篇新闻特写。新闻特写是截取新闻事件中最具有价值、最生动感人、最富有特征的片段和部分予以放大，从而鲜明地再现典型人物、事件、场景的一种新闻体裁。

4. 《一着惊海天——目击我国航母舰载战斗机首架次成功着舰》是一篇通讯。通讯是报纸、广播电台、通讯社常用的文体，是运用多种手法，具体、生动、形象地反映新闻事件或典型人物的一种新闻报道形式，是记叙文的一种。

5. 《国行公祭，为佑世界和平》，是一篇新闻评论。12月13日是南京大屠杀死难者国家公祭日，在第四个公祭日上，中国再次以隆重的公祭仪式悼念死难同胞，本文是就此事件写的新闻评论。

6. 《藤野先生》 选自《朝花夕拾》，作者是鲁迅，原名周树人，字豫才，我国现代伟大的文学家、思想家和革命家。1918年5月首次用笔名"鲁迅"发表了中国现代文学史上第一篇白话小说《狂人日记》，奠定了新文学运动的基础。中篇小说《阿Q正传》，是中国现代文学史上的杰作。代表作小说集《呐喊》《彷徨》，杂文集《坟》《热风》《华盖集》，散文集《朝花夕拾》。

7. 《回忆我的母亲》的作者是朱德，中国人民伟大的无产阶级革命家、军事家、政治家，是中国人民解放军的主要缔造者之一，中华人民共和国的开国元勋。

8. 《列夫·托尔斯泰》 节选自《托尔斯泰传》，作者是茨威格，奥地利著名作家、擅长写小说和人物传记，我们学过他的《伟大的悲剧》，代表作品有《罗曼·罗兰》等。

托尔斯泰是俄国作家，长篇小说代表作是《安娜·卡列尼娜》《战争与和平》《复活》等。

9. 《美丽的颜色》的体裁是传记，描写的是两次获得诺贝尔奖的波兰著名科学家居里夫人，作者是她的小女儿艾芙·居里，她是法国优秀的音乐教育家和人物传记作家，主要作品《居里夫人传》。

10. 《三峡》选自《水经注校证》，作者郦道元，字善长，北魏地理学家。

三峡是瞿塘峡、巫峡和西陵峡的总称，在重庆市奉节和湖北宜昌之间。

11. ①《答谢中书书》的作者是陶弘景，字通明，自号华阳隐居，人称"山中宰相"。南朝齐梁时思想家，著有《陶隐居集》等。

②《记承天寺夜游》选自《东坡志林》，作者苏轼，字子瞻，号东坡居士。北宋文学家、诗人、散文家。与父亲苏洵、弟弟苏辙合称"三苏"。父子三人都是唐宋八大家中的人物。有文集《东坡全集》传世，代表作品有《赤壁赋》《饮湖上初晴后雨》等。

12. 《与朱元思书》选自《吴均集校注》，作者是吴均，字叔庠，南朝梁文学家。擅长描写山水景物，风格峻拔清新，称为"吴均体"。

13. ①《野望》的作者是王绩，字无功，号东皋子，唐代诗人。

②《黄鹤楼》的作者是崔颢，唐代诗人，著有《崔颢集》。

③《使至塞上》的作者是王维，字摩诘，唐代著名山水田园诗派诗人，有"诗佛"之称。进士出身，

官至尚书右丞，故世称"王右丞"，有《王右丞集》。

④《渡荆门送别》的作者是李白，字太白，号青莲居士，唐代伟大的浪漫主义诗人，被后人誉为"诗仙"。

⑤《钱塘湖春行》选自《白居易集》，作者是唐代著名诗人白居易，字乐天，号香山居士。官至太子少傅，被称为"诗王""诗魔"。

14.《背影》的作者是朱自清，字佩弦，江苏扬州人，散文家、诗人、学者。代表作有《匆匆》《荷塘月色》《朱自清文集》。

15.《白杨礼赞》选自《茅盾全集》，作者茅盾，原名沈德鸿，字雁冰，中国现代作家，代表作有长篇小说《子夜》，中篇小说《蚀》(三部曲)，短篇小说《春蚕》《林家铺子》等。

16.①《永久的生命》的作者是严文井，原名严文锦，著名儿童文学家。

②《我为什么而活着》的作者是罗素，英国著名哲学家、数学家、作家，被称为"20世纪最知名、最有影响力的哲学家"之一。1950年，获得诺贝尔文学奖。

17.《昆明的雨》的作者是汪曾祺，中国当代著名的作家、散文家、戏剧家，京派作家的代表人物，代表作有小说《受戒》《大淖记事》等。

18.《中国石拱桥》的作者是茅以升，字唐臣。中国著名的桥梁学家、教育家，被誉为"中国现代桥梁之父"。他主持了由中国人自己设计建造的第一座铁路、公路两用桥——钱塘江大桥。著有《中国桥梁史》《中国的古桥和新桥》等。

19.《苏州园林》的作者是叶圣陶，原名叶绍钧，字圣陶，我国现代作家、教育家、文学家。主要作品有长篇小说《倪焕之》，短篇小说《多收了三五斗》，童话集《稻草人》《古代英雄的石像》等。

20.《人民英雄永垂不朽——瞻仰首都人民英雄纪念碑》，作者周定舫，著名记者，先后发表几千篇不同体裁的新闻作品。

21.《蝉》选自《昆虫的故事》，作者是法布尔，法国著名昆虫学家、科普作家，是第一位在自然环境中研究昆虫的科学家。被世人称为"昆虫界的荷马""昆虫界的维吉尔"，著有昆虫学巨著《昆虫的故事（也称《昆虫记》）》。

22.《梦回繁华》介绍了《清明上河图》这一画作，作者毛宁，我国书画评论家。

23.《〈孟子〉三章》，包括《得道多助，失道寡助》《富贵不能淫》《生于忧患，死于安乐》。孟子，名轲，字子舆，战国时期著名的思想家、教育家，儒家代表人物之一。孟子继承并发扬了孔子的思想，有"亚圣"之称，与孔子合称为"孔孟"，与弟子一起著有《孟子》一书。宋朝朱熹把《孟子》《论语》《大学》《中庸》合称为"四书"。

24.《愚公移山》选自《列子·汤问》，相传是战国时期道家代表人物之一列御寇（列子）所著。今《列子》，一般认为是晋人张湛注释编写而成。

25.《周亚夫军细柳》选自《史记·绛侯周勃世家》，《史记》包括十二本纪、十表、八书、三十世家、七十列传五部分，全书共一百三十篇。作者是司马迁，字子长，是西汉杰出的史学家和文学家。《史记》是我国第一部纪传体通史，又是文学名著。鲁迅称赞《史记》是"史家之绝唱，无韵之《离骚》"。

26.①《饮酒》(其五)的作者是陶渊明，名潜，字元亮，世称靖节先生。东晋时期著名的诗人、辞赋家、散文家，是田园诗派的开创者。曾著《五柳先生传》以自况，主要作品有《归去来兮辞》《桃花源记》《归园田居》《饮酒》。

②《春望》的作者是杜甫，字子美，自号少陵野老，唐代大诗人，号称"诗圣"。

③《雁门太守行》的作者是李贺，字长吉，唐代诗人，少年时代就有才名，可惜仕途坎坷，怀才不遇，人称为"诗鬼"。

④《赤壁》的作者是杜牧，字牧之，晚唐诗人。

⑤《渔家傲》(天接云涛连晓雾)的作者是李清照，号易安居士，宋代杰出女词人，婉约派词人，以词

著名，兼工诗文，并著有词论，语言清丽雅洁，明白如画，富有生活气息，人称"易安体"，在中国文学史上享有崇高声誉。有《易安居士文集》《易安词》，已散佚，今人辑有《李清照集》。

27.课外古诗词诵读

①《庭中有奇树》是《古诗十九首》的第九首。作者不详，一般认为产生于东汉末年。

②《龟虽寿》，作者曹操，三国时期政治家、军事家、诗人。

③《赠从弟》(共二)，作者刘桢，东汉末年诗人，"建安七子"之一。

④《梁甫行》，作者曹植，字子建，三国魏诗人，曹操之子。

⑤《浣溪沙》(一曲新词酒一杯)，作者晏殊，北宋政治家、文学家。浣溪沙，词牌名。

⑥《采桑子》(轻舟短棹西湖好)，作者欧阳修，北宋政治家、文学家，"唐宋八大家"之一。采桑子，词牌名。

⑦《相见欢》(金陵城上西楼)，作者朱敦儒，宋代词人。相见欢，词牌名。

⑧《如梦令》(常记溪亭日暮)，作者李清照，宋代词人。如梦令，词牌名。

八年级上册 必背文言文思维导图

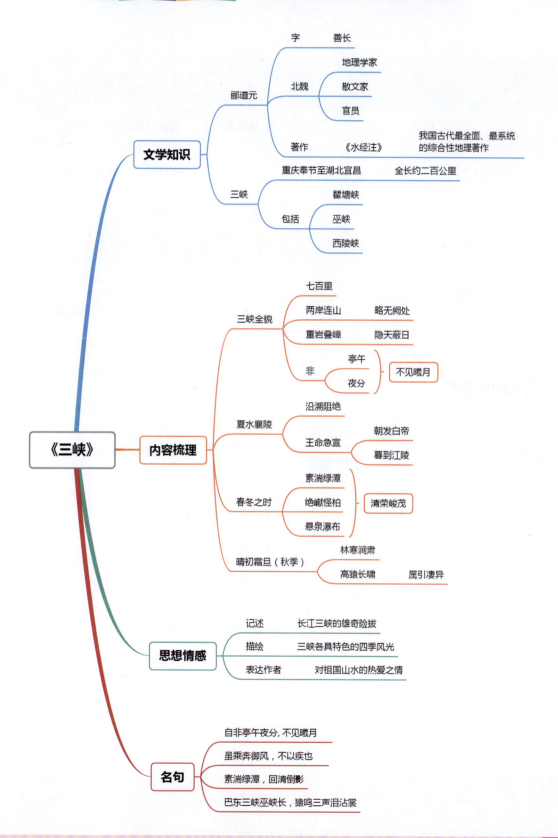

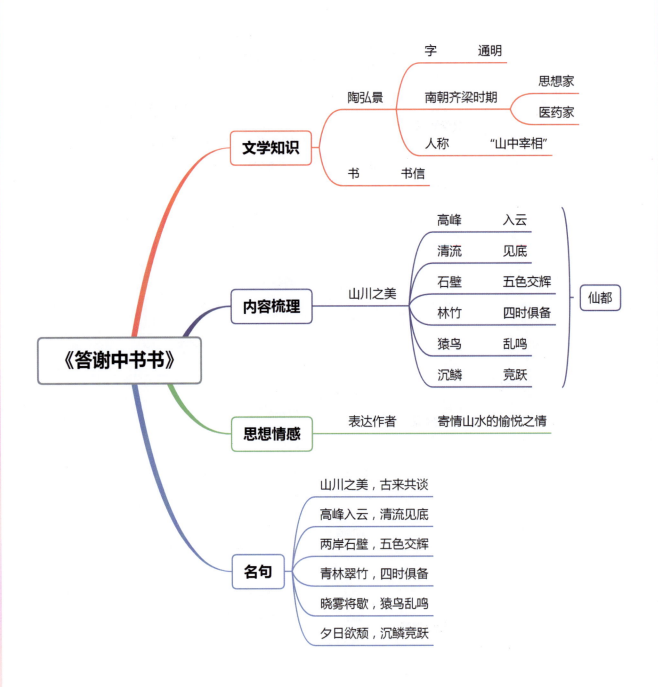

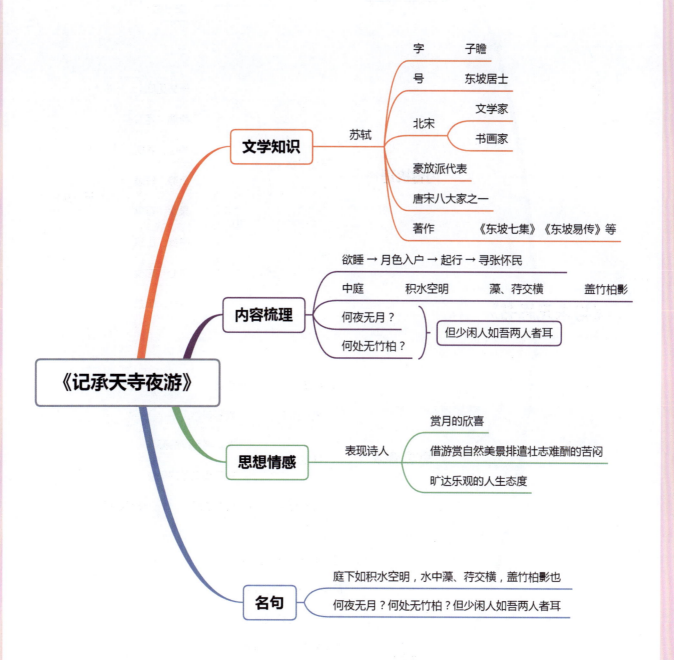

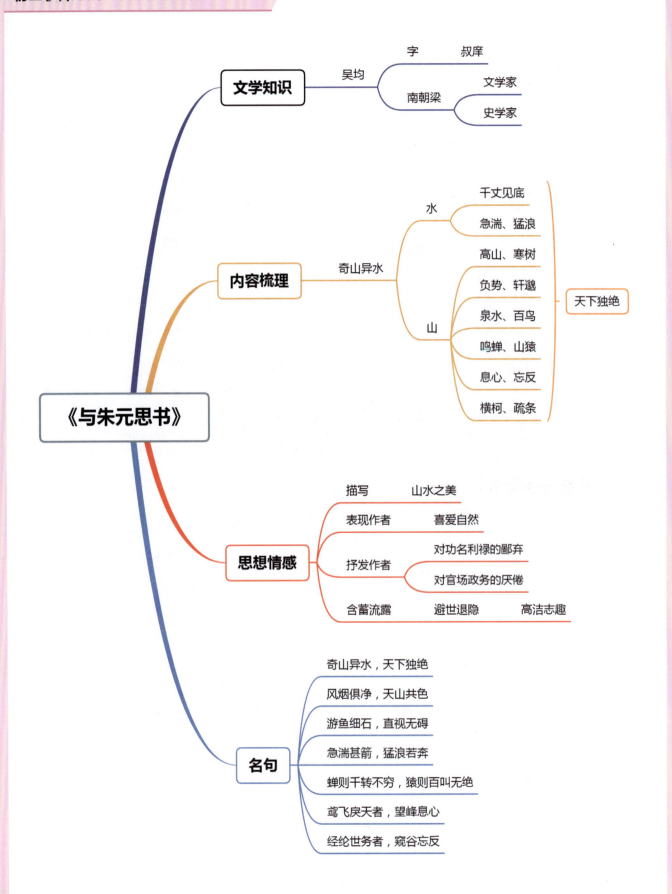

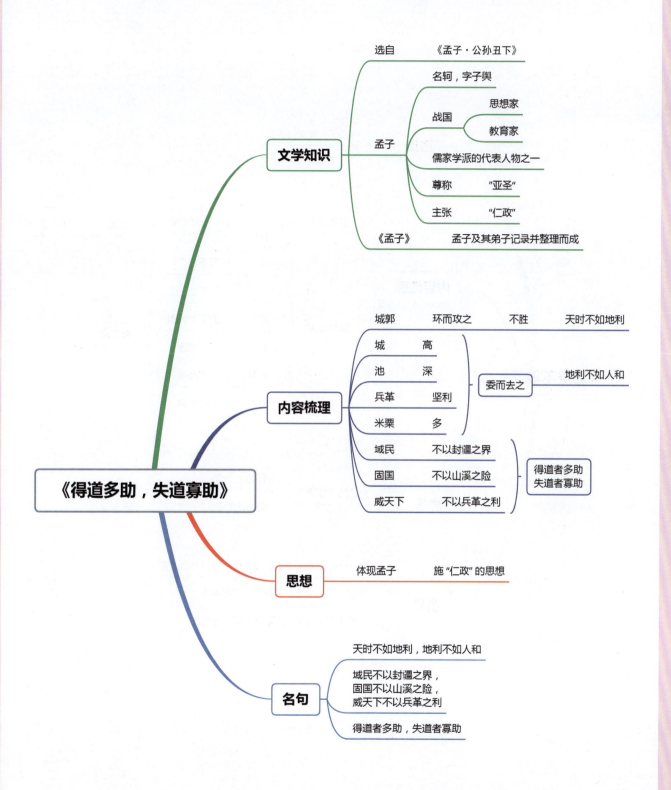

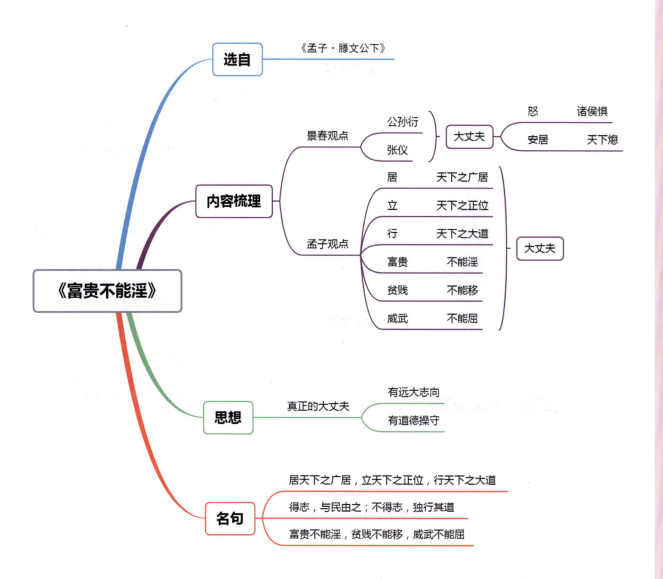

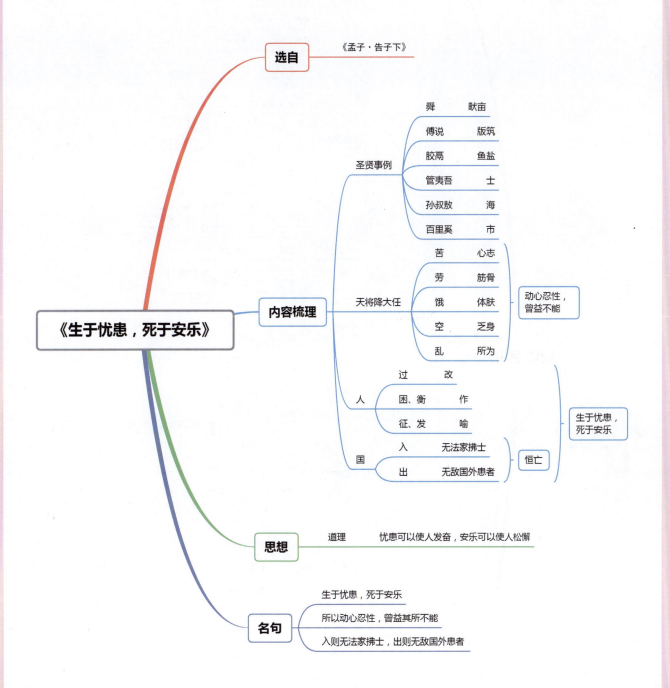

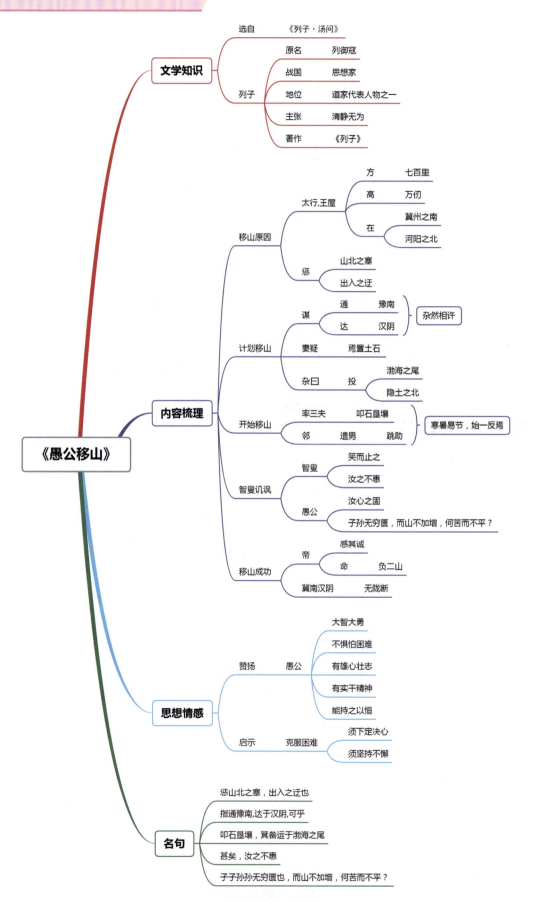

八年级上册 作文思维导图

一、新闻采访与新闻写作

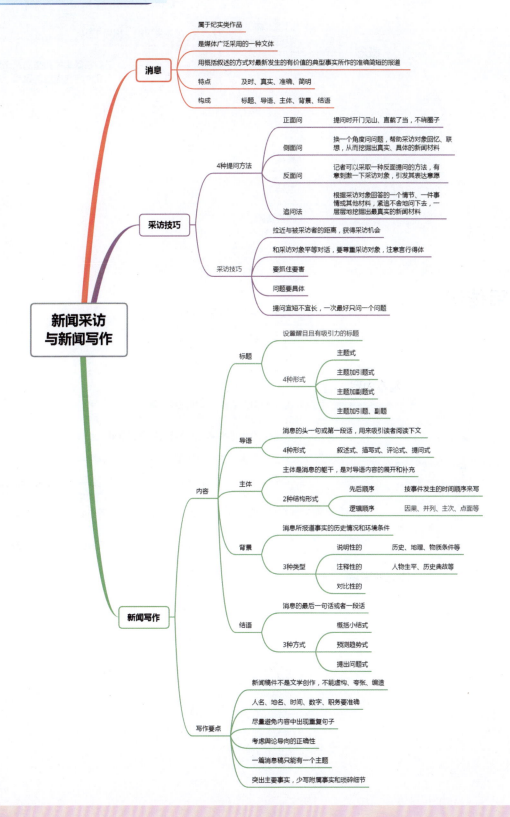

二、学写传记

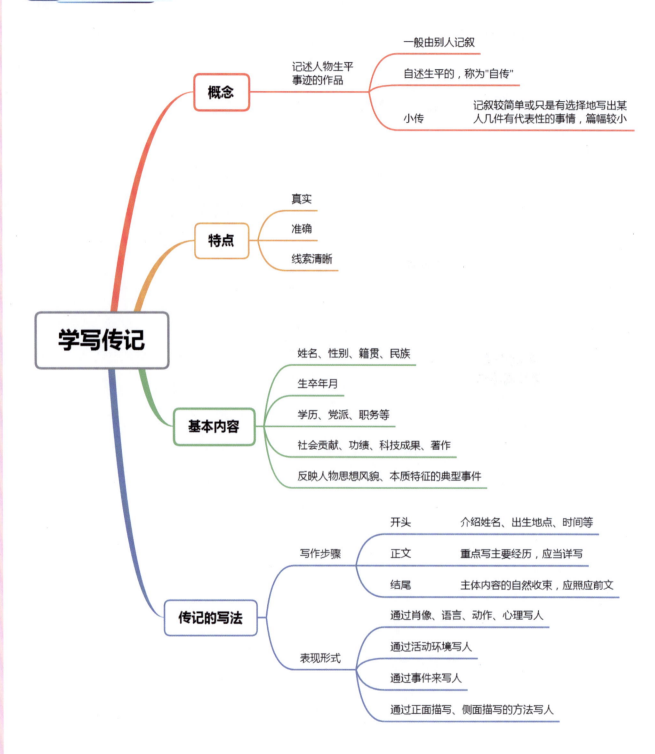

三、学习描写景物

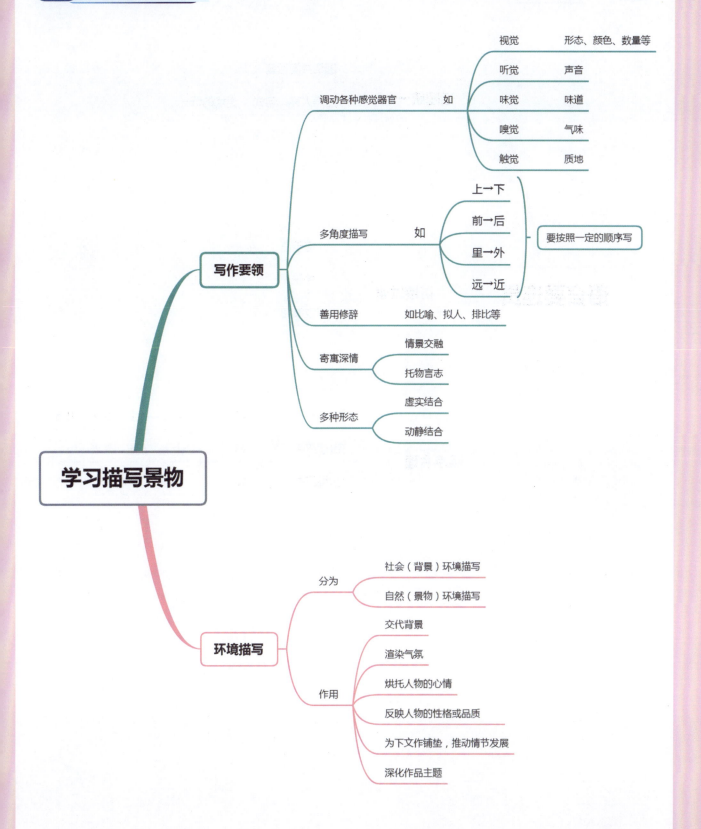

四、语言要连贯

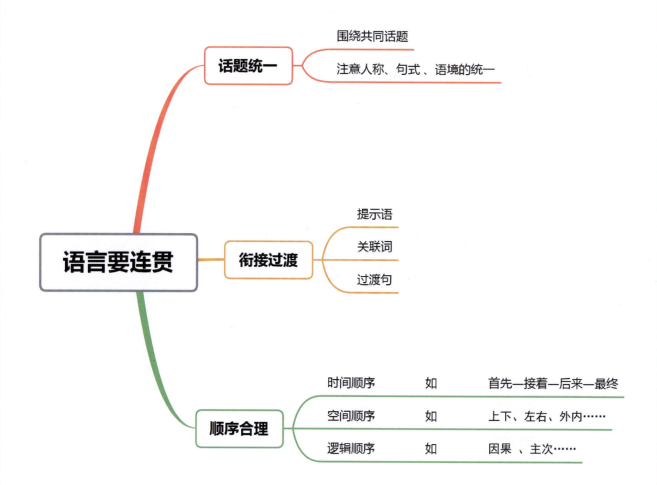

五、说明事物要抓住特征

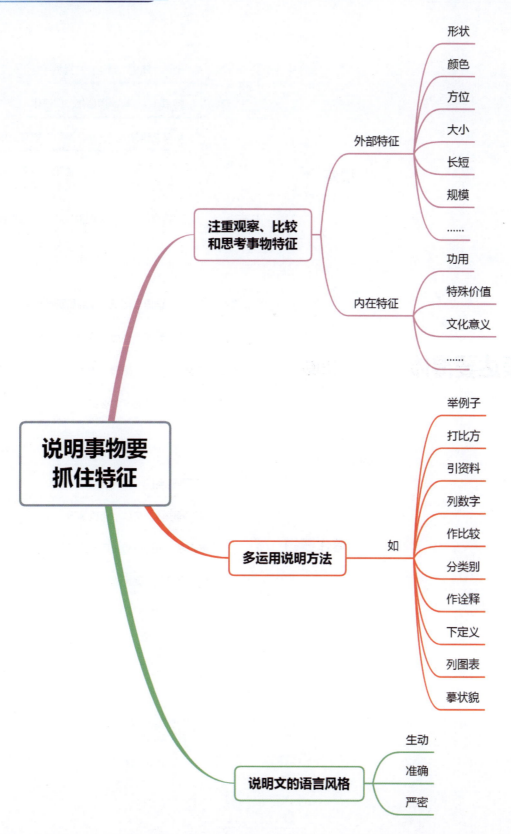

六、表达要得体

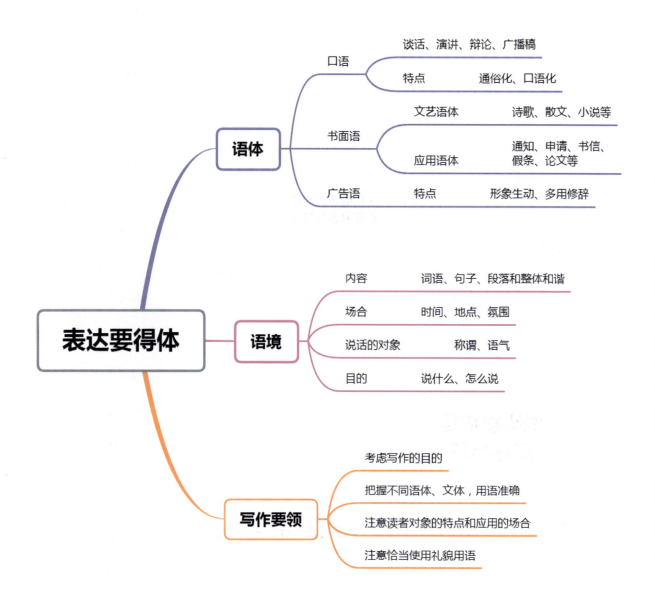

八年级上册 课文单元总结思维导图

第一单元

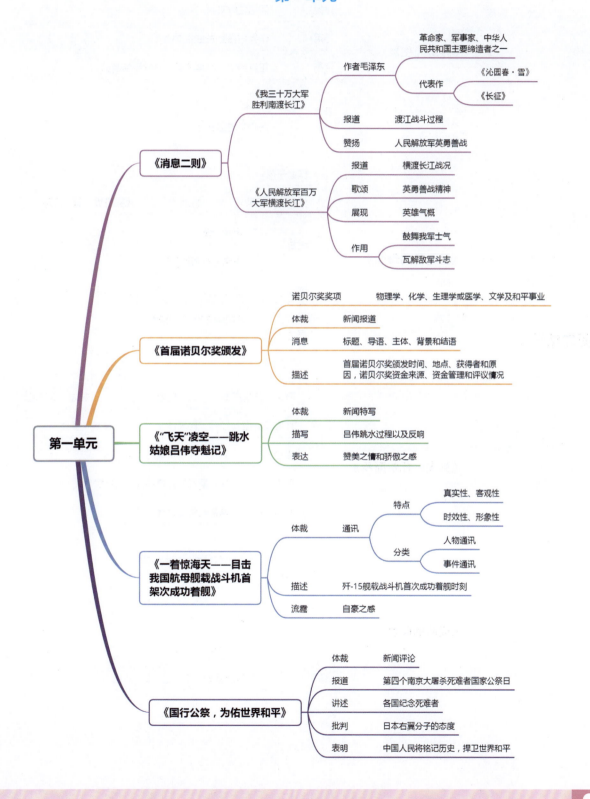

第二单元

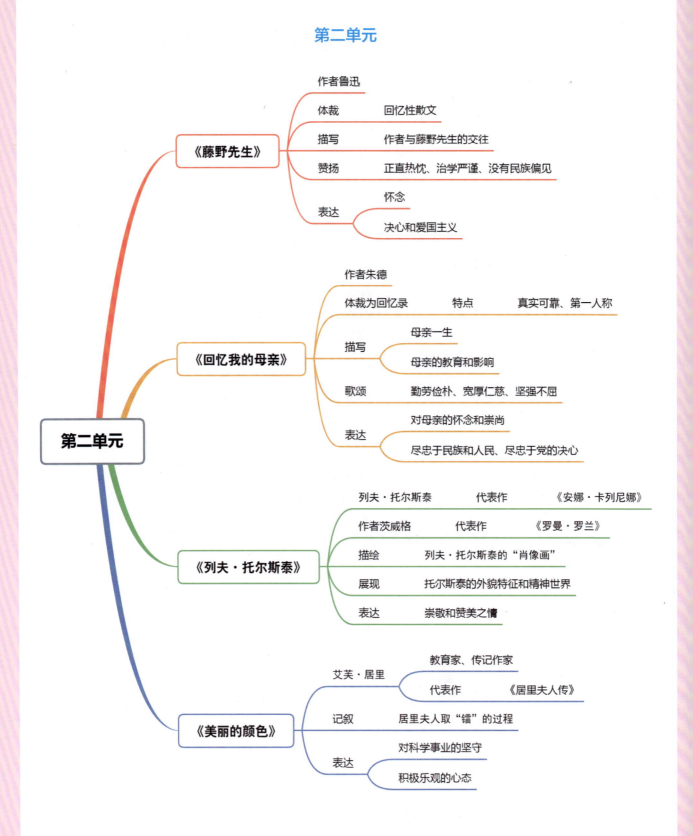

第三单元

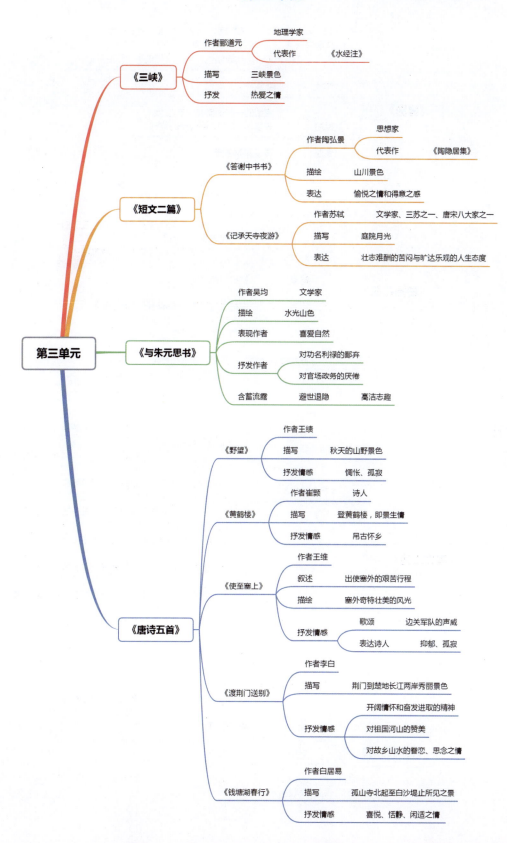

第四单元

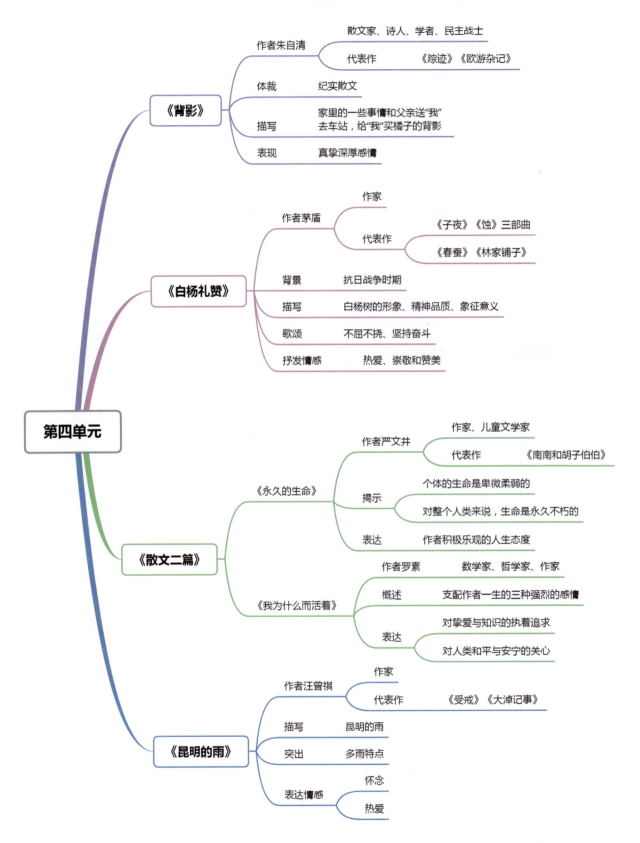

八年级上册《语文》思维导图与综合知识

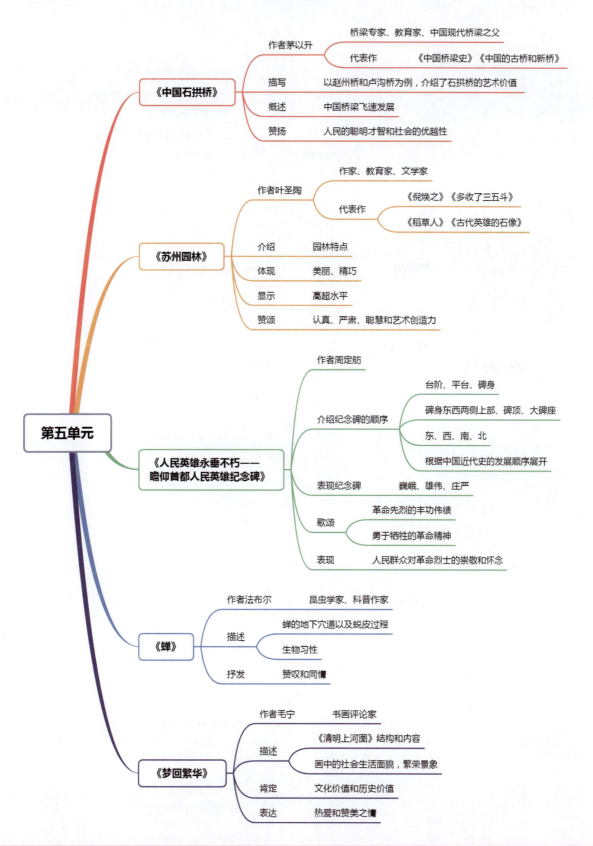

第六单元

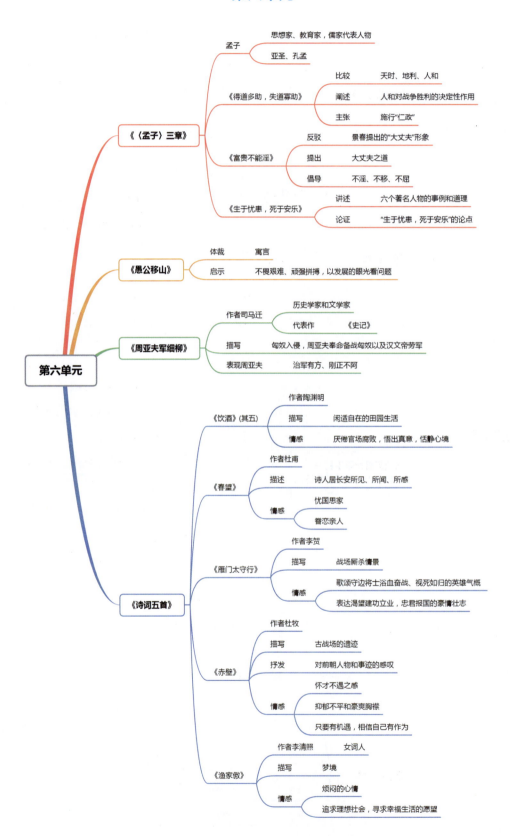

八年级下册《语文》思维导图与综合知识

八年级下册 古诗词理解性默写

★1. 关雎

《诗经·周南》

关关雎鸠，在河之洲。窈窕淑女，君子好逑。

参差荇菜，左右流之。窈窕淑女，寤寐求之。

求之不得，寤寐思服。悠哉悠哉，辗转反侧。

参差荇菜，左右采之。窈窕淑女，琴瑟友之。

参差荇菜，左右芼之。窈窕淑女，钟鼓乐之。

(1) 诗中以雎鸠的叫声起兴，渲染气氛的诗句是"关关雎鸠，在河之洲"。

(2) "窈窕淑女，君子好逑"表达了文静美好的女子是君子追求的好配偶。

(3) 表现出主人公受相思之苦，长夜无眠的句子是"悠哉悠哉，辗转反侧"。

★2. 蒹葭

《诗经·秦风》

蒹葭苍苍，白露为霜。所谓伊人，在水一方。溯洄从之，道阻且长。溯游从之，宛在水中央。

蒹葭萋萋，白露未晞。所谓伊人，在水之湄。溯洄从之，道阻且跻。溯游从之，宛在水中坻。

蒹葭采采，白露未已。所谓伊人，在水之涘。溯洄从之，道阻且右。溯游从之，宛在水中沚。

(1) "蒹葭苍苍，白露为霜"渲染出凄清落寞的情调。

(2) 描写主人公和心上人隔水相望，苦苦寻觅的诗句是"所谓伊人，在水一方"。

(3) 成语"秋水伊人"源自本诗中"所谓伊人，在水一方"。

3. 式微

《诗经·邶风》

式微，式微，胡不归？微君之故，胡为乎中露？

式微，式微，胡不归？微君之躬，胡为乎泥中！

诗中说明农民辛苦劳作的原因的句子是"微君之躬，胡为乎泥中？"。

4. 子衿

《诗经·郑风》

青青子衿，悠悠我心。纵我不往，子宁不嗣音？

青青子佩，悠悠我思。纵我不往，子宁不来？

挑兮达兮，在城阙兮。一日不见，如三月兮！

诗中以恋人的衣物指代恋人,表达主人公对心上人的思念的诗句是"青青子衿,悠悠我心"。

★5. 送杜少府之任蜀州

王勃

城阙辅三秦,风烟望五津。与君离别意,同是宦游人。
海内存知己,天涯若比邻。无为在歧路,儿女共沾巾。

(1) 王勃用"城阙辅三秦,风烟望五津"两句诗巧妙地把相隔千里的秦、蜀两地连在一起。

(2) 诗中表达友谊不受时间限制和空间阻隔的诗句是"海内存知己,天涯若比邻"。

(3) 王勃用"无为在歧路,儿女共沾巾"劝慰友人不必为离别悲伤,不要像恋爱中的青年男女一样挥泪告别。

6. 望洞庭湖赠张丞相

孟浩然

八月湖水平,涵虚混太清。气蒸云梦泽,波撼岳阳城。
欲济无舟楫,端居耻圣明。坐观垂钓者,徒有羡鱼情。

孟浩然用"八月湖水平,涵虚混太清"形象地描绘了湖水和天空浑然一体的景象,表现出洞庭湖的壮阔之美。

7. 石壕吏

杜甫

暮投石壕村,有吏夜捉人。老翁逾墙走,老妇出门看。
吏呼一何怒!妇啼一何苦!
听妇前致词:三男邺城戍。一男附书至,二男新战死。存者且偷生,死者长已矣!室中更无人,惟有乳下孙。有孙母未去,出入无完裙。老妪力虽衰,请从吏夜归,急应河阳役,犹得备晨炊。
夜久语声绝,如闻泣幽咽。天明登前途,独与老翁别。

(1) 诗中概括、形象地写出了官吏与农妇的尖锐矛盾的句子:"吏呼一何怒!妇啼一何苦!"

(2) 诗中写出战乱年代中死伤的人较多,活着的人生存也很艰难的诗句:"存者且偷生,死者长已矣!"。

(3) 侧面写出了老妇已经被官兵带走充军的句子是"夜久语声绝,如闻泣幽咽。天明登前途,独与老翁别"。

★8. 茅屋为秋风所破歌

杜甫

八月秋高风怒号,卷我屋上三重茅。茅飞渡江洒江郊,高者挂罥长林梢,下者飘转沉塘坳。
南村群童欺我老无力,忍能对面为盗贼。公然抱茅入竹去,唇焦口燥呼不得,归来倚杖自叹息。
俄顷风定云墨色,秋天漠漠向昏黑。布衾多年冷似铁,娇儿恶卧踏里裂。床头屋漏无干处,雨脚如麻未断绝。自经丧乱少睡眠,长夜沾湿何由彻!
安得广厦千万间,大庇天下寒士俱欢颜!风雨不动安如山。呜呼!何时眼前突兀见此屋,吾庐独破受冻死亦足!

(1) 诗中概括诗人生活条件艰苦的句子是"布衾多年冷似铁,娇儿恶卧踏里裂"。

(2) 表现诗人关心大众疾苦，愿舍己为人的济世情怀的诗句：<u>"何时眼前突兀见此屋，吾庐独破受冻死亦足！"</u>

(3) 居者有其屋，是人们普遍追求的梦想，杜甫在本诗中抒写的<u>"安得广厦千万间，大庇天下寒士俱欢颜！"</u>就体现了类似的美好愿望。

★9. 卖炭翁

白居易

卖炭翁，伐薪烧炭南山中。满面尘灰烟火色，两鬓苍苍十指黑。卖炭得钱何所营？身上衣裳口中食。可怜身上衣正单，心忧炭贱愿天寒。夜来城外一尺雪，晓驾炭车辗冰辙。牛困人饥日已高，市南门外泥中歇。

翩翩两骑来是谁？黄衣使者白衫儿。手把文书口称敕，回车叱牛牵向北。一车炭，千余斤，宫使驱将惜不得。半匹红纱一丈绫，系向牛头充炭直。

(1) 刻画出卖炭翁的形象，从侧面反映出卖炭翁劳动的艰辛的句子是<u>"满面尘灰烟火色，两鬓苍苍十指黑"</u>。

(2) 描写夜里突降大雪，天气寒冷的句子是<u>"夜来城外一尺雪，晓驾炭车辗冰辙"</u>。

(3) 写出诗人对卖炭老人艰难处境的同情和卖炭老人内心活动的诗句是<u>"可怜身上衣正单，心忧炭贱愿天寒"</u>。

10. 题破山寺后禅院

常建

清晨入古寺，初日照高林。曲径通幽处，禅房花木深。
山光悦鸟性，潭影空人心。万籁此都寂，但余钟磬音。

诗句<u>"曲径通幽处，禅房花木深"</u>体现出禅院建筑的曲折、层次感，含蓄曲折地表现出人们内心对美的热烈向往和执着追求。

11. 送友人

李白

青山横北郭，白水绕东城。此地一为别，孤蓬万里征。
浮云游子意，落日故人情。挥手自兹去，萧萧班马鸣。

(1) 李白用徐徐而下的一轮红日隐喻对友人的惜别之情的诗句是<u>"浮云游子意，落日故人情"</u>。

(2) 诗中借离群的马长鸣衬托离情别绪的诗句是<u>"挥手自兹去，萧萧班马鸣"</u>。

12. 卜算子·黄州定慧院寓居作

苏轼

缺月挂疏桐，漏断人初静。谁见幽人独往来，缥缈孤鸿影。
惊起却回头，有恨无人省。拣尽寒枝不肯栖，寂寞沙洲冷。

<u>"拣尽寒枝不肯栖，寂寞沙洲冷"</u>以拟人化的手法表现孤鸿的心理活动，表现了苏轼被贬官后的孤寂处境和不愿随波逐流的心境。

13. 卜算子·咏梅

陆游

驿外断桥边，寂寞开无主。已是黄昏独自愁，更着风和雨。

无意苦争春，一任群芳妒。零落成泥碾作尘，只有香如故。

"零落成泥碾作尘，只有香如故"，词人借梅言志，表现出诗人虽遭遇严重挫折，但志向和气节依然不改变的情怀。

14. 庄子与惠子游于濠梁之上

文中"子非鱼，安知鱼之乐"启示我们，分析问题不要只是站在自己的角度去做判断。

八年级下册 文言文理解性默写

★1.《桃花源记》

(1) 文中写武陵人进入桃花林，初见林中美景的句子是"芳草鲜美，落英缤纷"。

(2) 文中描写世外桃源中环境安宁祥和的句子是"阡陌交通，鸡犬相闻"。

(3) 文中"黄发垂髫，并怡然自乐"，描写出世外桃源中的老年人和小孩儿的状态，表现出村中和谐幸福的景象。

★2.《小石潭记》

(1) 文中通过描写鱼儿自由游弋，从侧面写出水清澈见底的句子是"潭中鱼可百许头，皆若空游无所依"。

(2) 文中写潭中游鱼动静相宜、灵活有趣的句子是"怡然不动，俶尔远逝"。

★3.《北冥有鱼》

(1) 文中运用夸张和比喻手法描写大鹏展翅的气势的句子是"怒而飞，其翼若垂天之云"。

(2) 写大鹏起飞时气力之大和高度之高的句子是"水击三千里，抟扶摇而上者九万里"。

★4.《虽有嘉肴》

(1) 文中阐述教与学是互相促进、相辅相成的句子是"是故学然后知不足，教然后知困"。

(2) 现在我们常用出自《虽有嘉肴》中的一个成语来形容学生和老师之间互相促进的关系，这个词出自"故曰：教学相长也"这一句。

★5.《大道之行也》

文中对大同社会的特征做纲领性说明的句子是"大道之行也，天下为公。选贤与能，讲信修睦"。

★6.《马说》

(1) 文中说明千里马和伯乐之间的关系的句子是"世有伯乐，然后有千里马"。

(2) 文中表现了千里马不遇伯乐的悲惨结局的句子是"祗辱于奴隶人之手，骈死于槽枥之间"。

(3) "其真无马邪？其真不知马也"，因没有识马的人导致千里马被埋没，由此作者发出无奈的感叹。

八年级下册 文学常识梳理

1. 《社戏》这篇课文选自《呐喊》，作者是鲁迅。

2. 《回延安》选自《贺敬之诗选》，作者贺敬之。当代诗人、剧作家。1945年，他和丁毅一起创作了我国第一部新歌剧《白毛女》。

3. 《安塞腰鼓》，作者刘成章，他的散文集《羊想云彩》获首届鲁迅文学奖。

4. 《灯笼》选自《吴伯箫散文选》，作者吴伯箫，原名熙成，当代著名散文家、教育家。代表作品：《羽书》《北极星》《往年》《吴伯箫散文选》。

5. 《大自然的语言》，作者竺可桢，我国现代卓越的气象学家、地理学家。

6. 《阿西莫夫短文两篇》，作者阿西莫夫，美国科普作家、科幻小说家。他提出的"机器人学三定律"被称为"现代机器人学的基石"。代表作有《基地》《新疆域》。

7. 《大雁归来》，作者利奥波德，美国生态学家、环境保护主义者。代表作《沙乡年鉴》。

8. 《时间的脚印》，作者陶世龙，科普作家，出版有《打开地下宝库的钥匙》《揭开大地的秘密》《地球的画像》等科普读物。

9. 《桃花源记》选自《陶渊明集》，作者陶渊明。

10. 《小石潭记》选自《柳河东集》。作者柳宗元，字子厚，河东人。唐代文学家、思想家，唐宋八大家之一。柳宗元一生留有诗文作品600余篇，其文的成就大于诗。

11. 《核舟记》选自《虞初新志》，清代张潮编。作者魏学洢，字子敬，明末散文家，著有《茅檐集》。

12. 《〈诗经〉二首》包括《关雎》和《蒹葭》，《诗经》是我国最早的一部诗歌总集。它收录了从西周到春秋时期的诗歌305首，分为风、雅、颂三个部分。

13. 《最后一次讲演》选自《闻一多全集》。作者闻一多，本名闻家骅，字友三，中国现代著名的爱国主义者，坚定的民主战士，中国民主同盟早期领导人，新月派代表诗人和学者。代表作有《红烛》《死水》《旅客式的学生》等。

14. 《应有格物致知精神》作者丁肇中，美籍华裔物理学家，曾发现"J粒子"，获1976年诺贝尔物理学奖。

15. 《我一生中的重要抉择》作者王选，江苏无锡人，计算机文字信息处理专家，当代中国印刷业革命的先行者。由他领导研制成功的"汉字激光照排系统"为我国新闻出版业普及推广中文计算机排版做出了重大贡献，被誉为"当代毕昇"，获国家最高科学技术奖。

16. 《庆祝奥林匹克运动复兴25周年》作者顾拜旦，法国教育家、社会活动家，现代奥林匹克运动创始人。曾任国际奥林匹克委员会主席，并设计了奥运会会徽、会旗，被誉为"现代奥林匹克之父"。

17. 《壶口瀑布》选自《梁衡文集》，作者梁衡，当代著名学者、新闻理论家、作家，曾荣获全国青年文学奖，代表作品有《没有新闻的角落》《新闻绿叶的脉络》《新闻原理的思考》。

18. 《在长江源头各拉丹冬》选自《藏北游历》，作者马丽华，女作家，现任中国藏学出版社总编辑，代表作有《走过西藏》《藏北游历》《西行阿里》《灵魂像风》等。被誉为"西藏的行者与歌者"。

19. 《登勃朗峰》选自《远处的青山》。作者马克·吐温，美国作家，美国批判现实主义文学的奠基人，代表作有小说《汤姆·索亚历险记》《哈克贝利·费恩历险记》《百万英镑》等。

20. 《一滴水经过丽江》作者是阿来，藏族，当代作家，凭借长篇小说《尘埃落定》荣获第五届茅盾文学奖，当时年仅41岁，成为茅盾文学奖史上最年轻的获奖者。

21. 《〈庄子〉二则》选自《庄子集释》，庄子，名周，战国时期宋国蒙人，哲学家，道家学派的代表人物，老子哲学思想的继承者和发展者。《庄子》是庄子及其后学的著作，现存33篇。

22. 《〈礼记〉二则》选自《礼记正义》，《礼记》是战国至秦汉间儒家论著的汇编，是十三经之一，儒家经典著作之一，相传为西汉戴圣编纂的。

23. 《马说》选自《韩昌黎文集校注》，作者韩愈，字退之，河阳人，世称"韩昌黎"，唐代著名的文学家、思想家、教育家，被列为唐宋八大家之首。有《韩昌黎集》传世。

24. 《唐诗三首》，《石壕吏》和《茅屋为秋风所破歌》都是选自《杜诗详注》，作者杜甫，字子美，自号少陵野老，唐代伟大的现实主义诗人，被后人称为"诗圣"，与李白合称"李杜"，他的诗被称为"诗史"。作品集为《杜工部集》。

《卖炭翁》选自《白居易集》，作者白居易，字乐天，号香山居士，是唐代伟大的现实主义诗人，与刘禹锡并称"刘白"。

25. 课外古诗词诵读
①《式微》《子衿》都出自《诗经》。
②《送杜少府之任蜀州》，作者王勃，唐代诗人。
③《望洞庭湖赠张丞相》，作者孟浩然，唐代诗人。
④《题破山寺后禅院》，作者常建，唐代诗人。
⑤《送友人》，作者李白，唐代诗人。
⑥《卜算子·黄州定慧院寓居作》，作者苏轼，宋代诗人。
⑦《卜算子·咏梅》，作者陆游，宋代诗人。

八年级下册 必背文言文思维导图

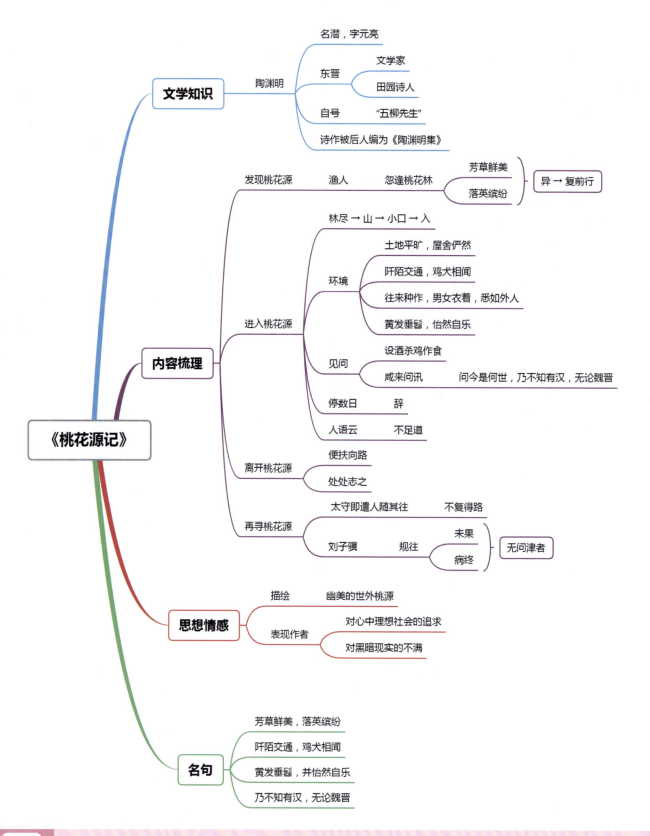

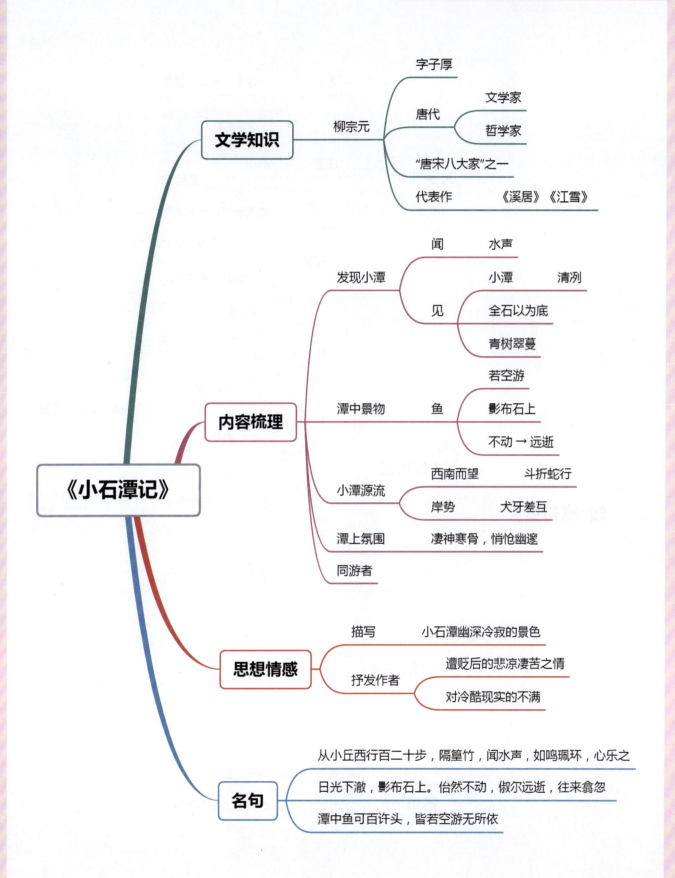

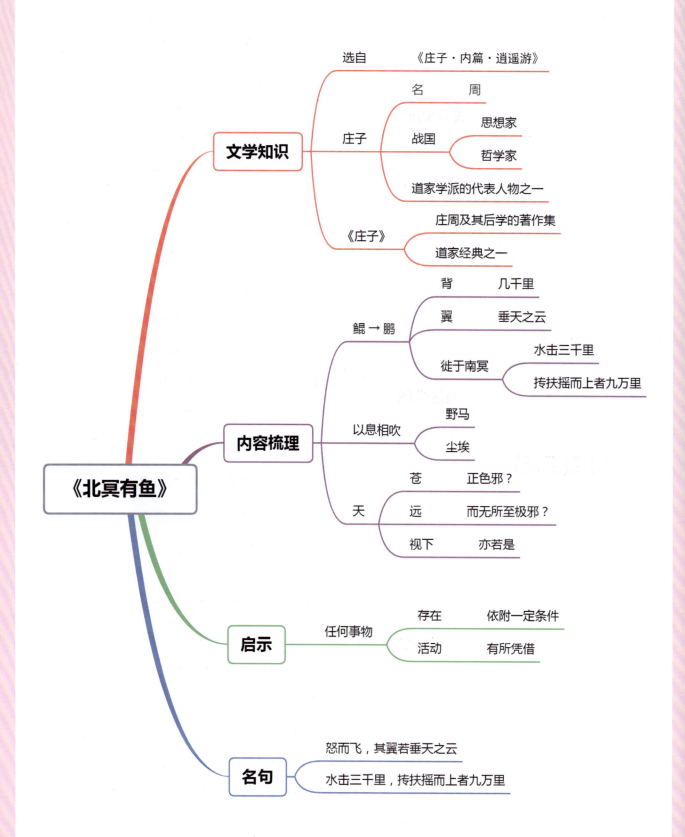

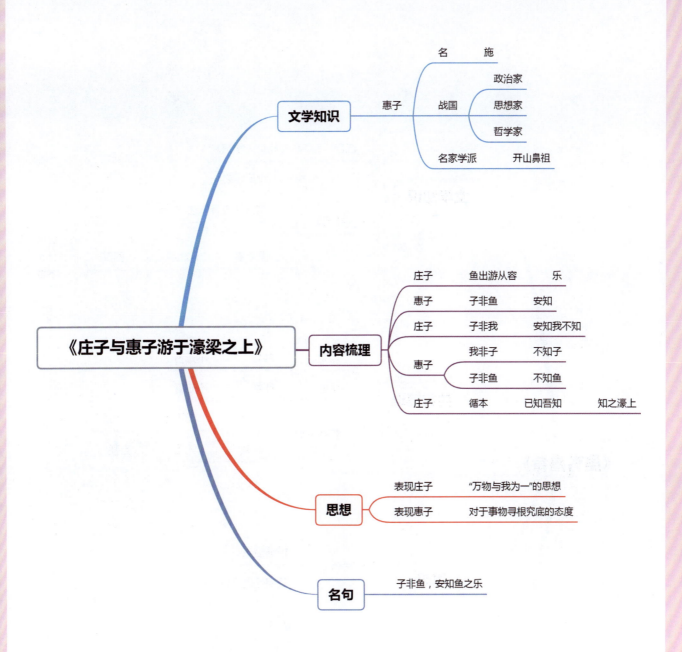

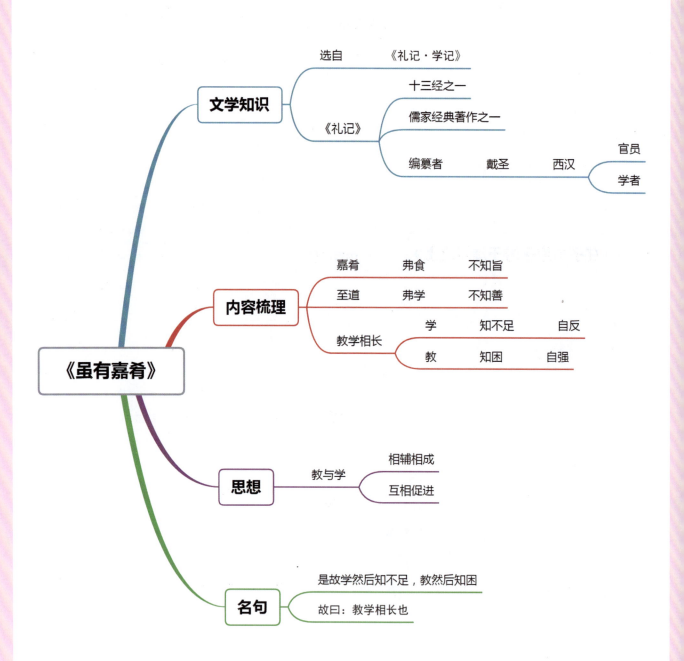

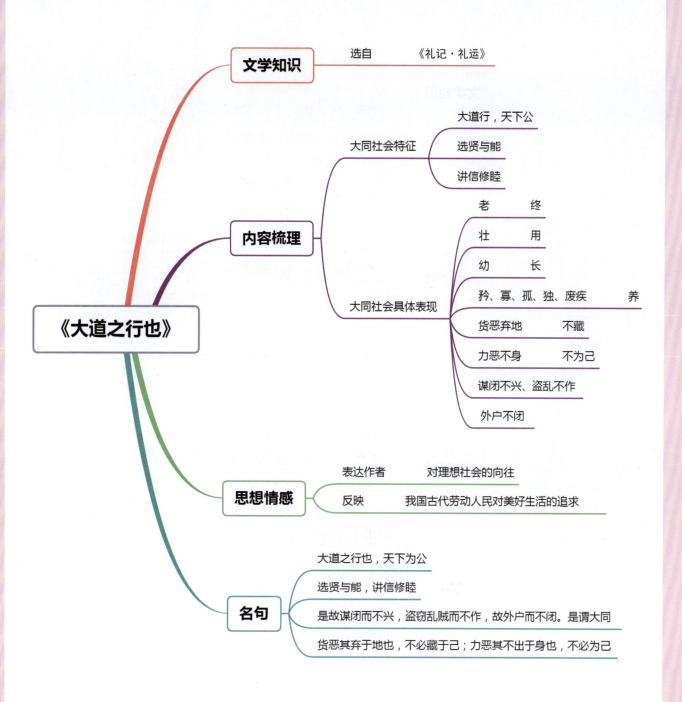

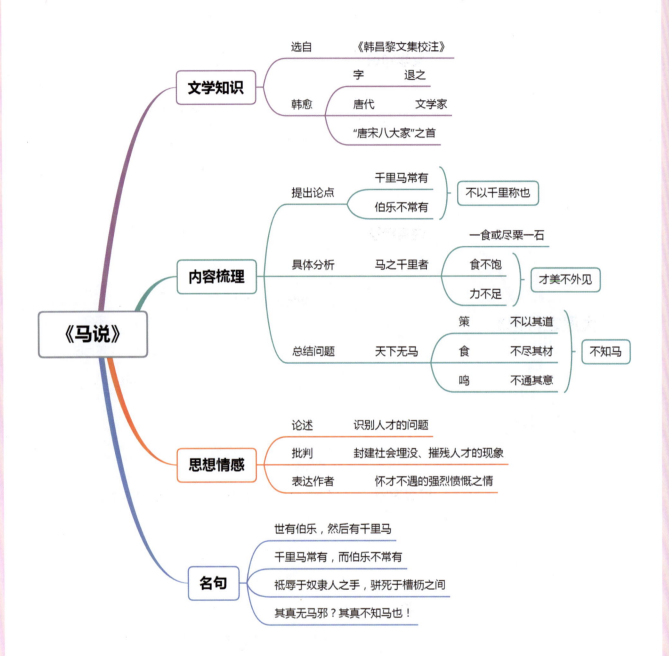

八年级下册 作文思维导图

一、学习仿写

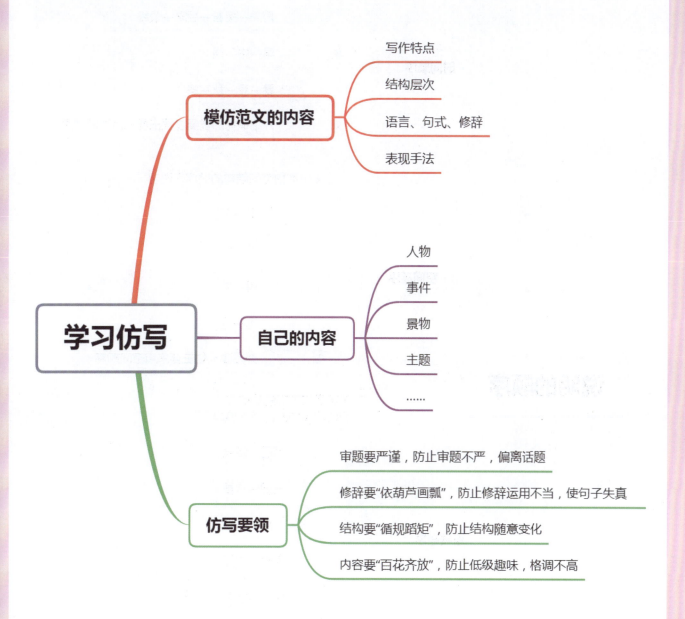

二、说明的顺序

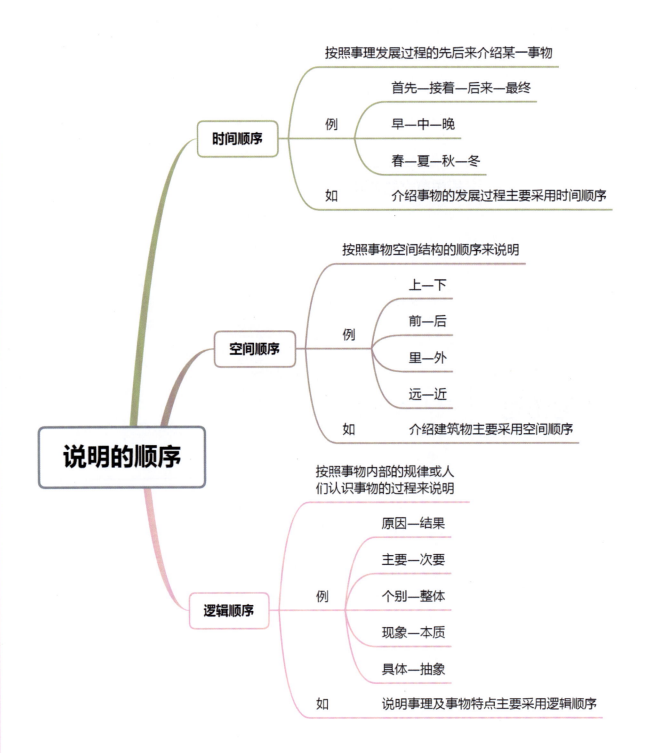

三、学写读后感

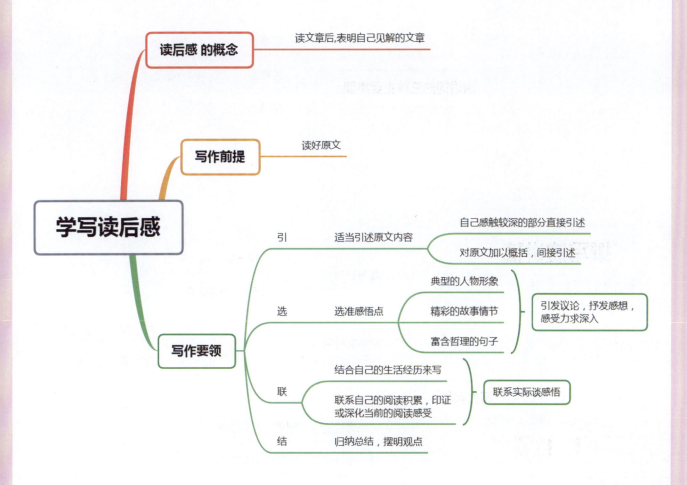

四、撰写演讲稿

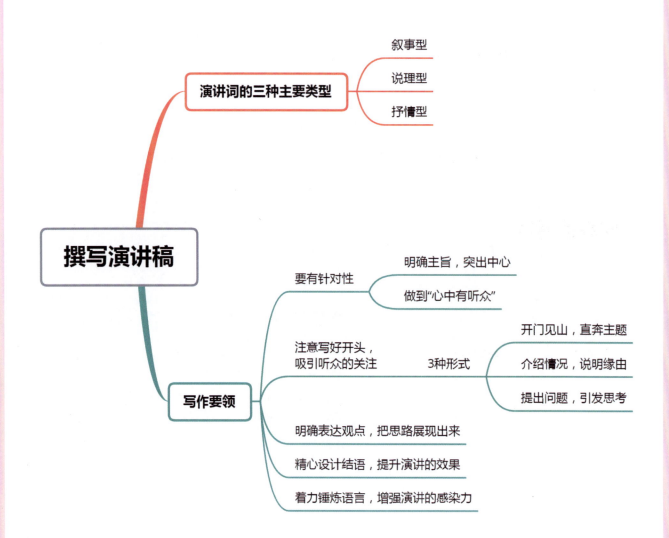

五、学写游记

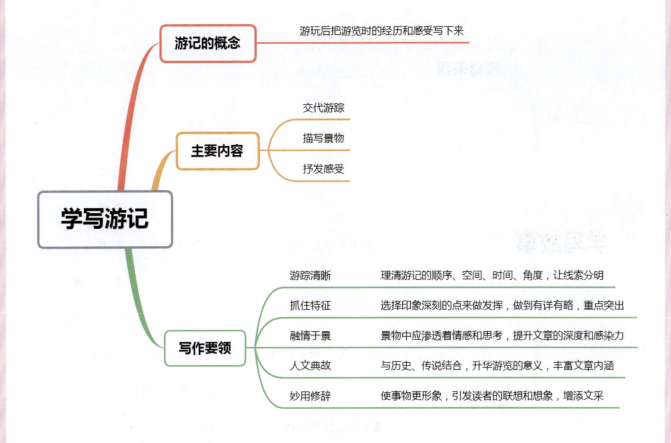

六、学写故事

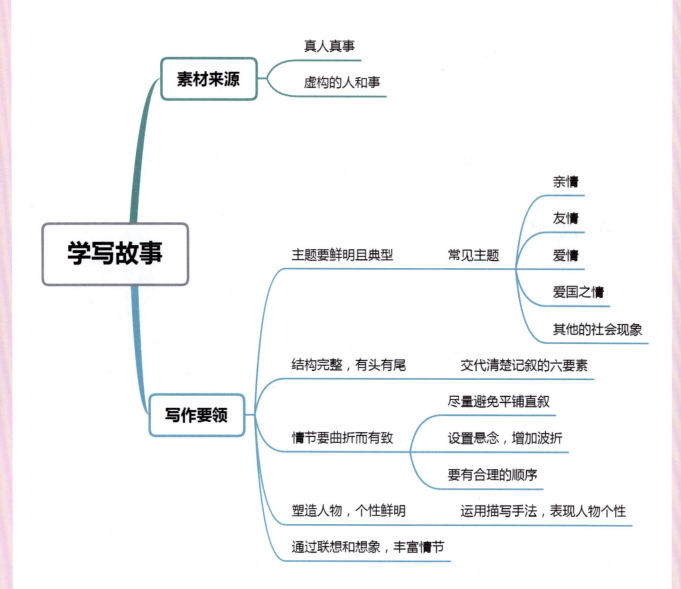

八年级下册 课文单元总结思维导图

第一单元

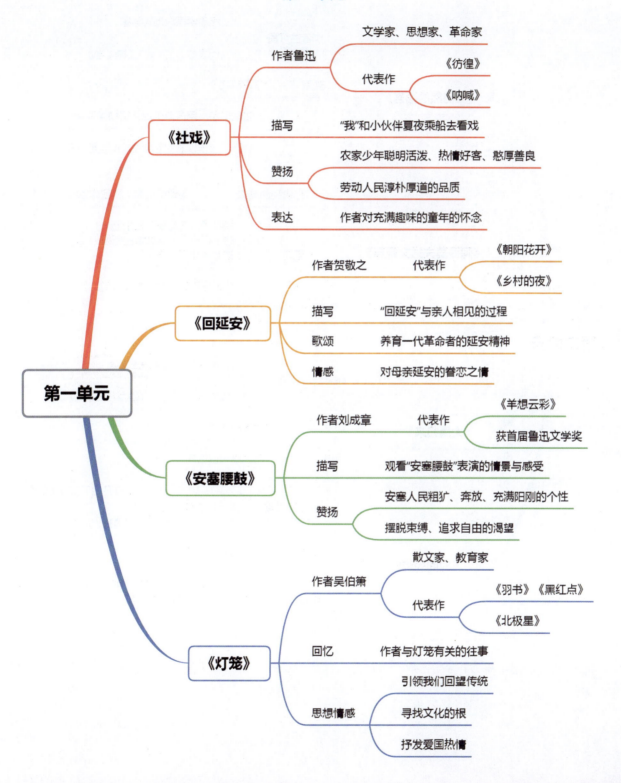

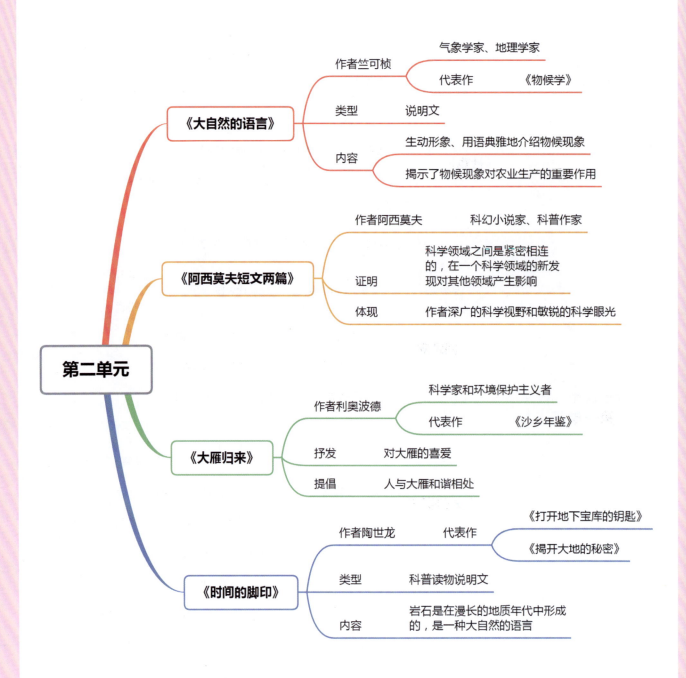

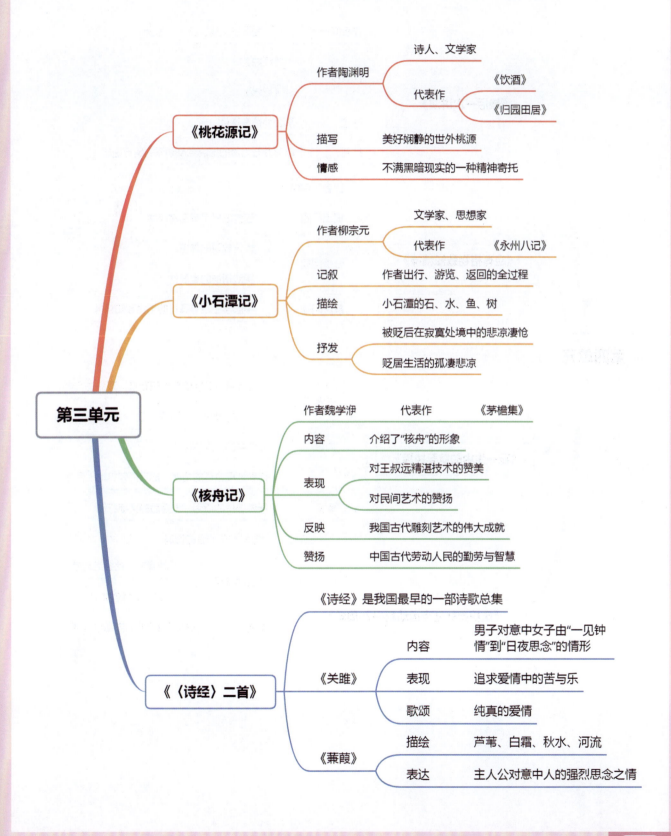

第四单元

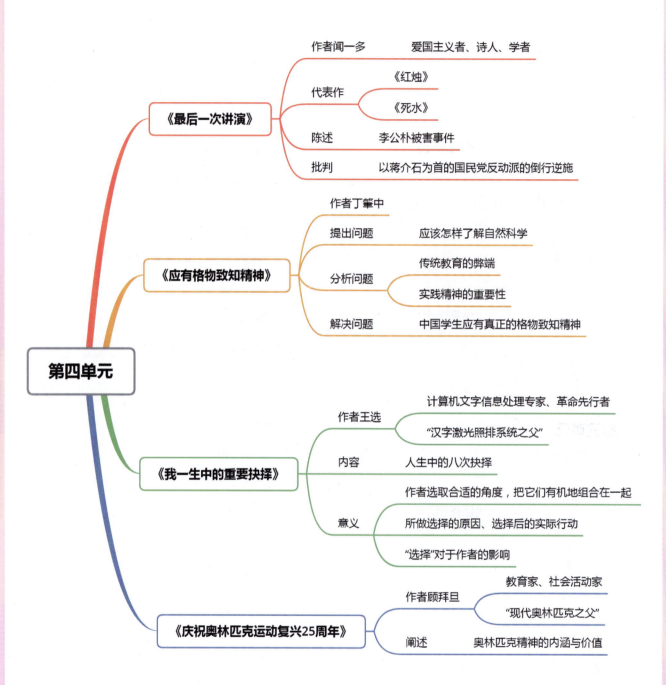

第五单元

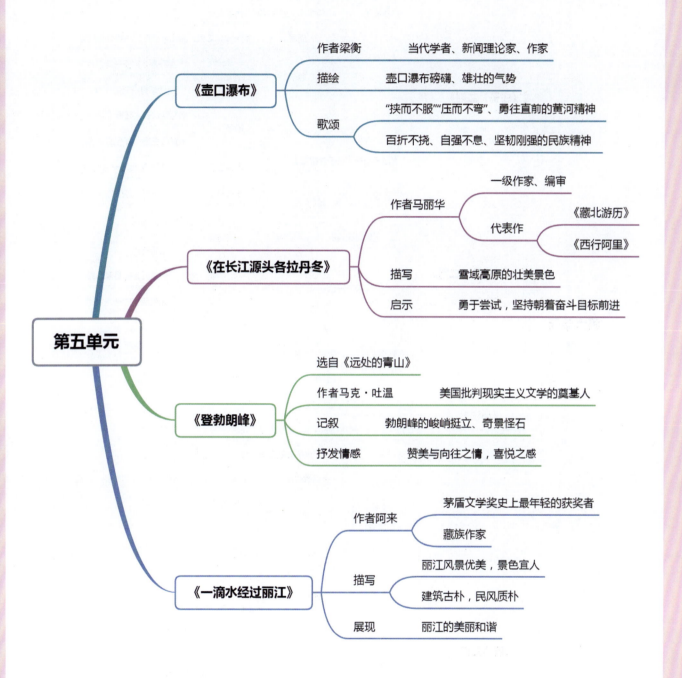

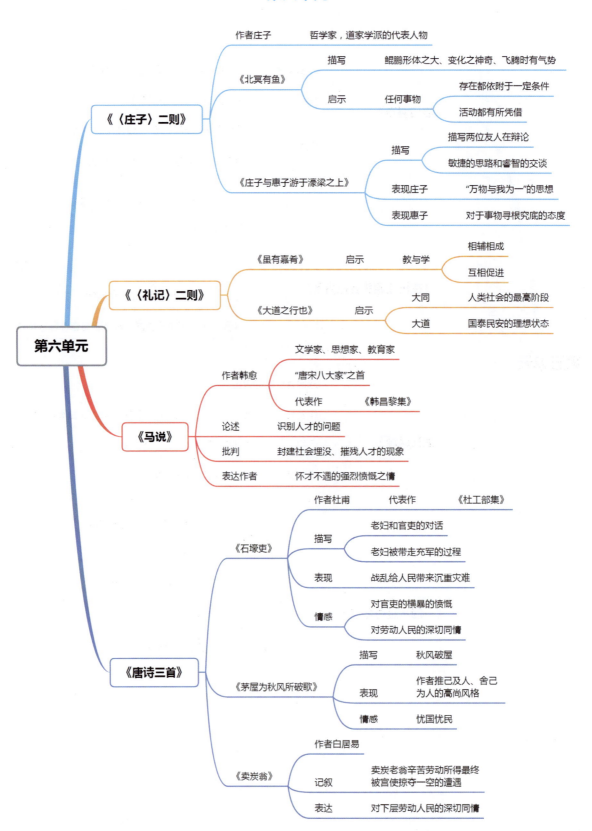

八年级上册《数学》思维导图

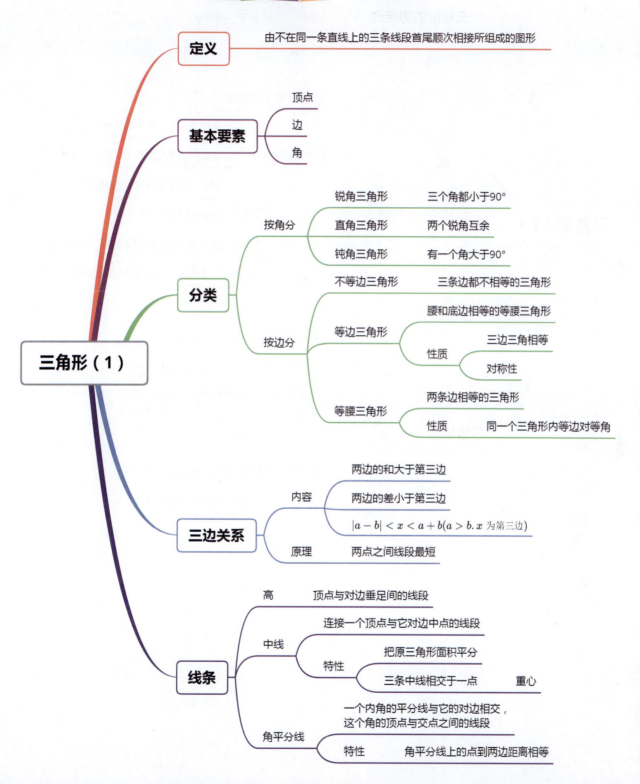

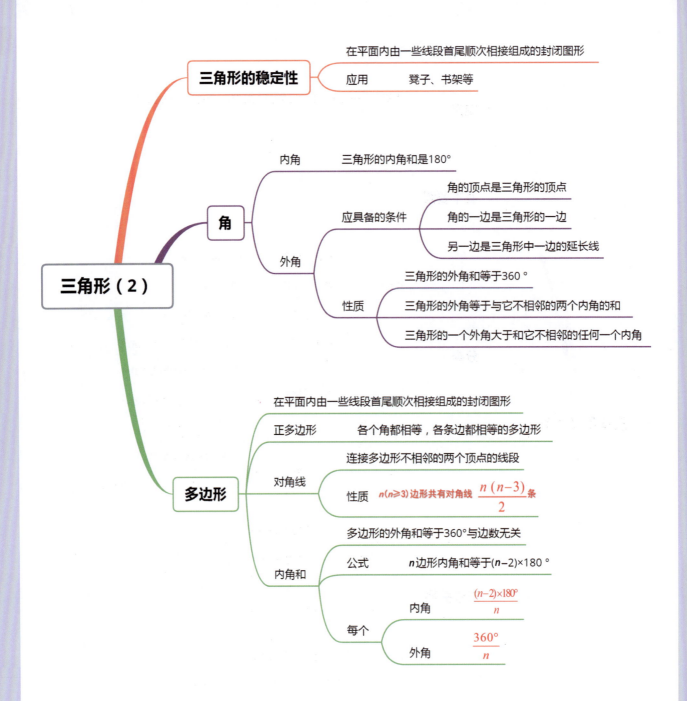

第十二章 全等三角形

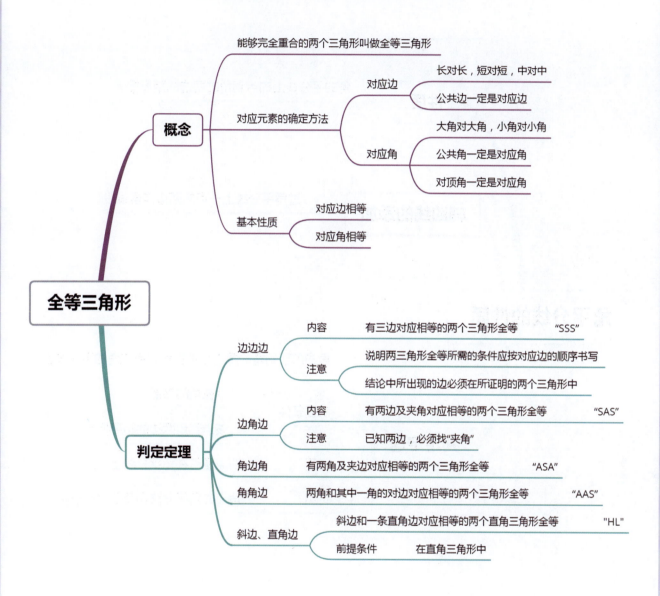

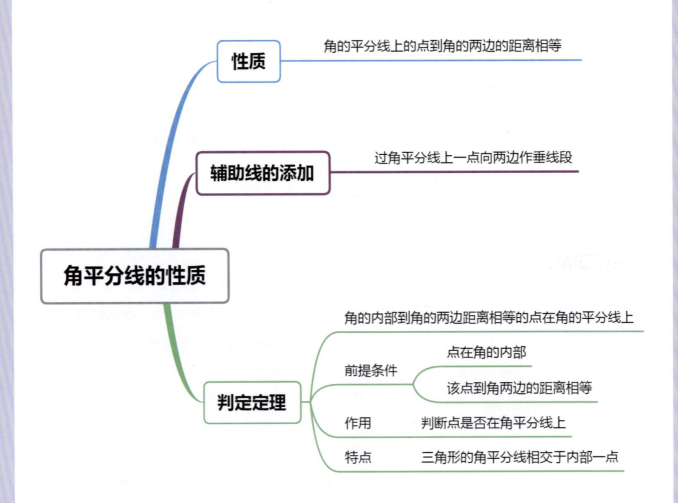

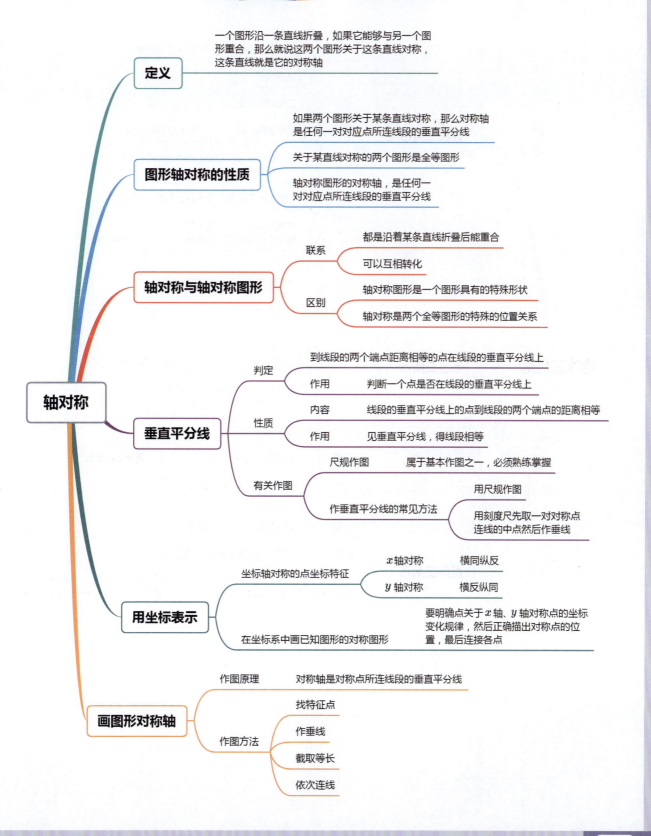

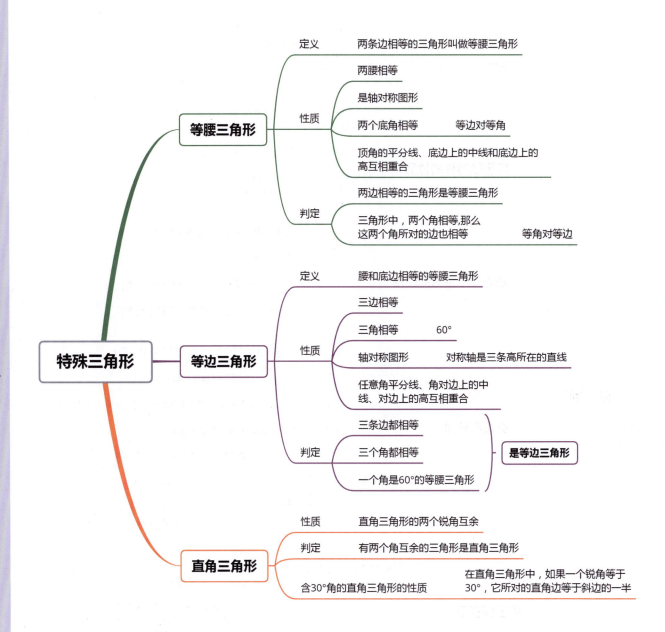

第十四章 整式的乘法与因式分解

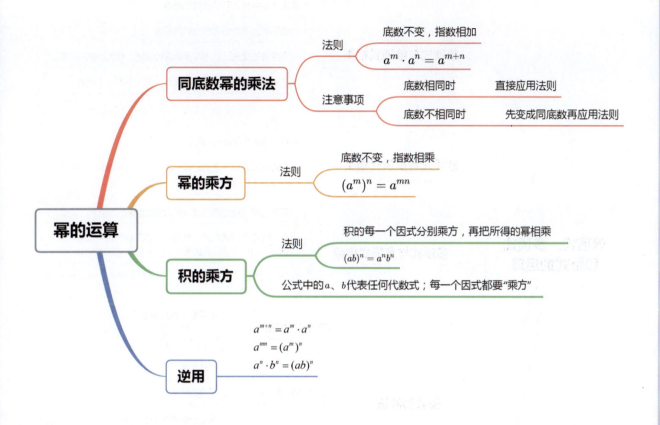

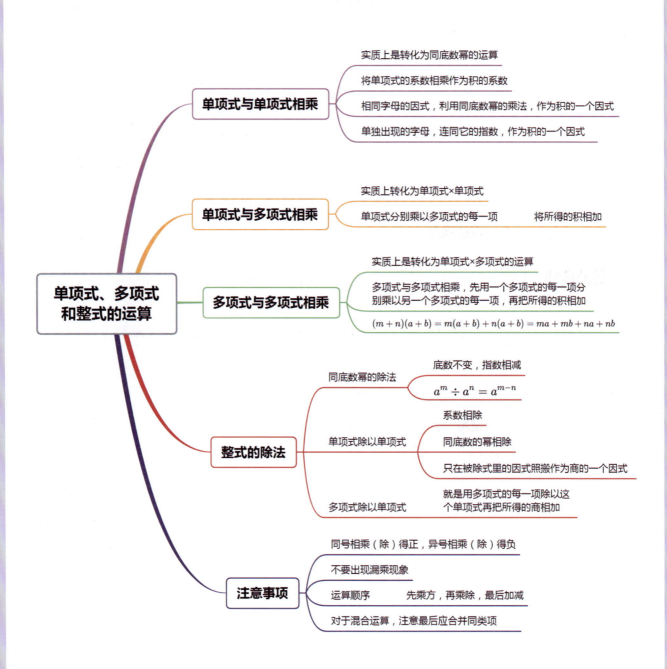

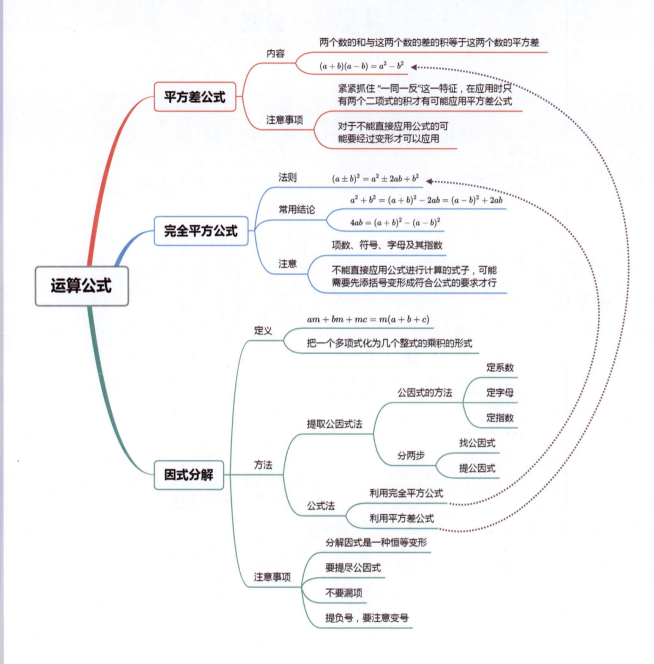

第十五章 分式

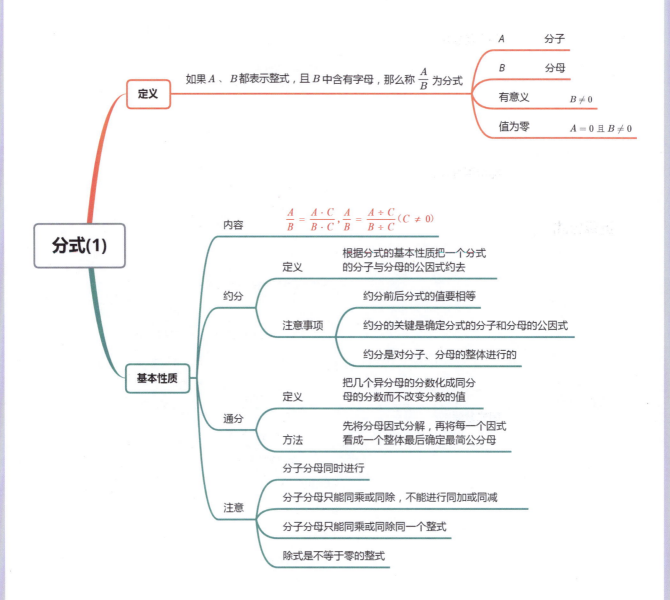

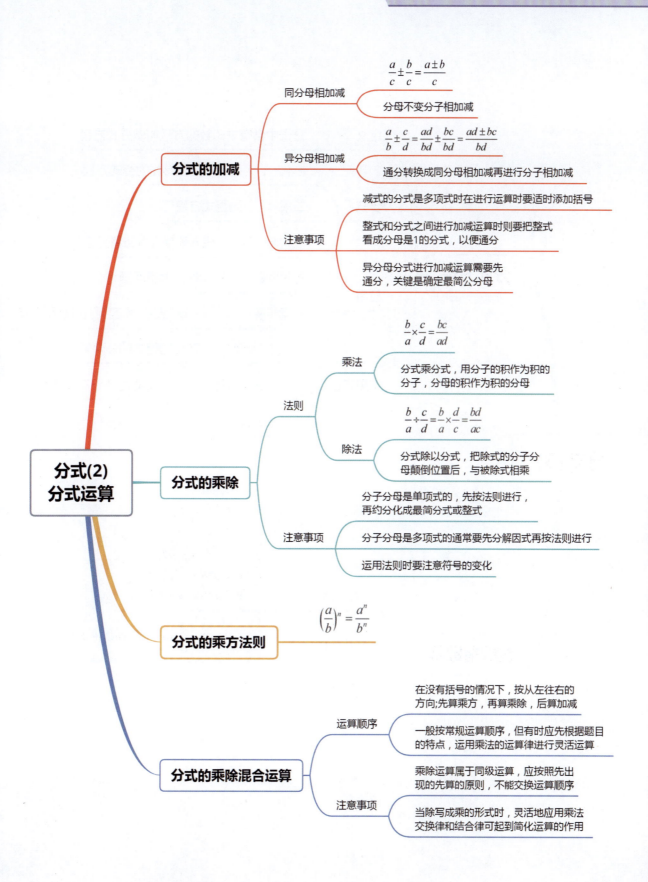

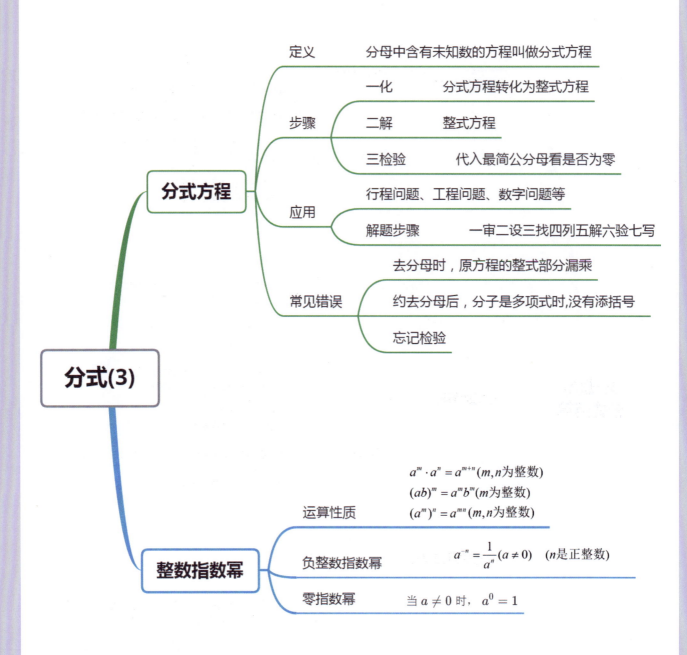

八年级下册《数学》思维导图

第十六章 二次根式

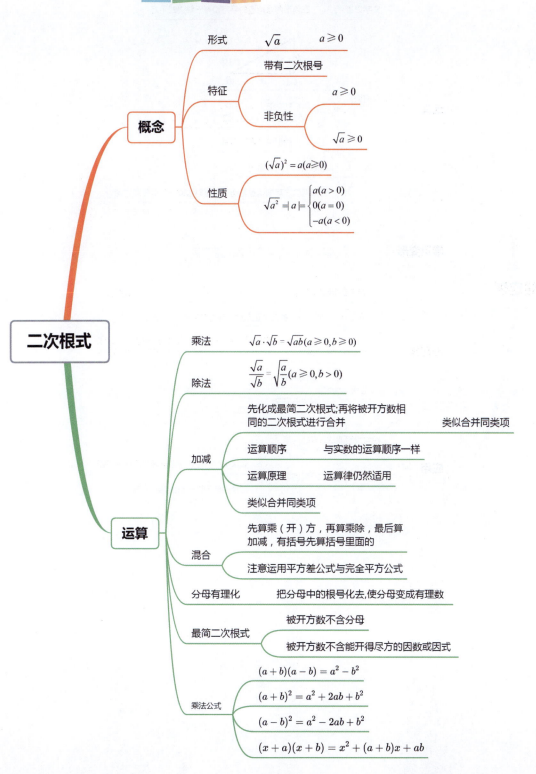

第十七章 勾股定理

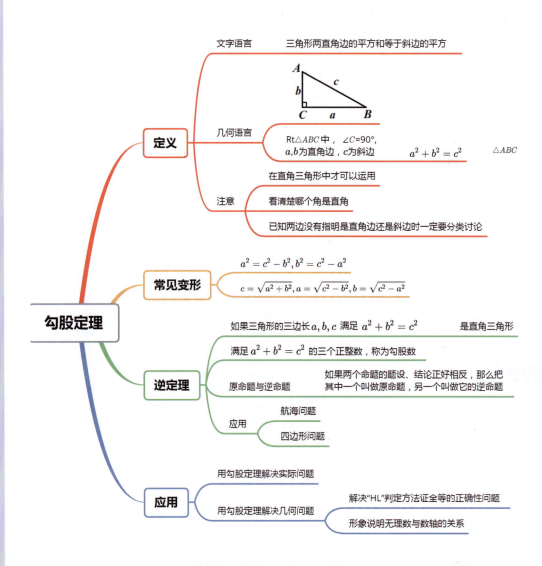

第十八章 平行四边形

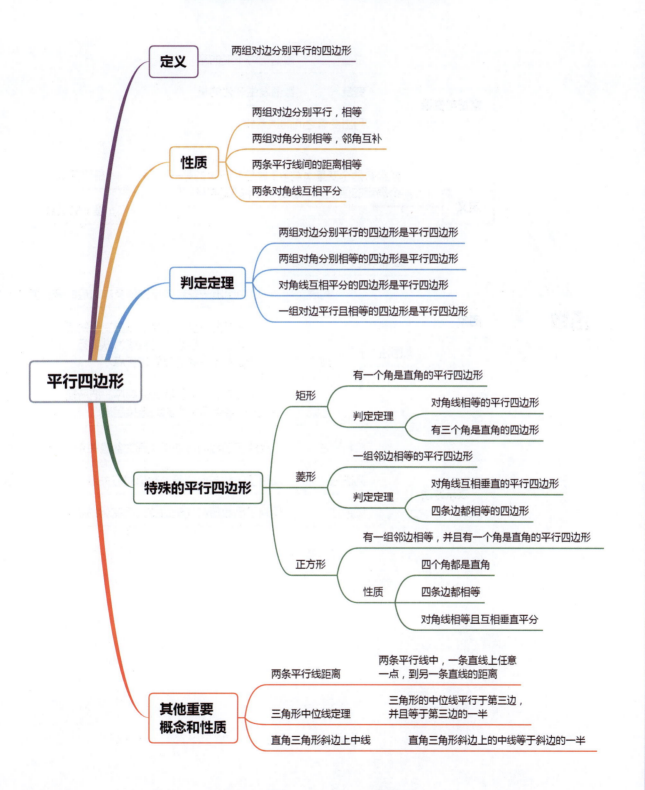

第十九章 一次函数

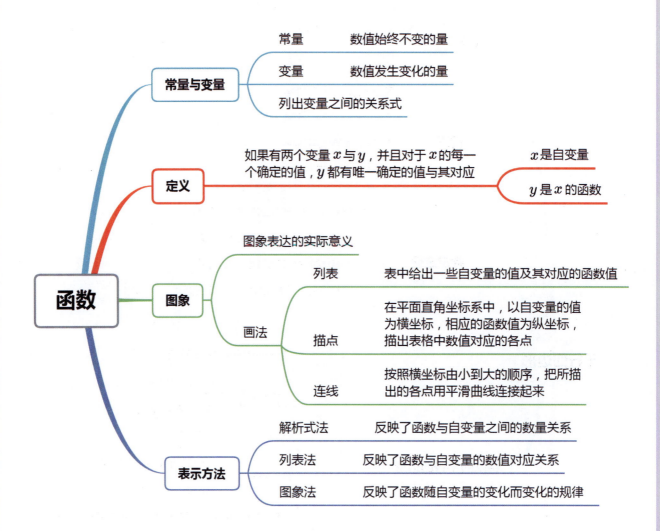

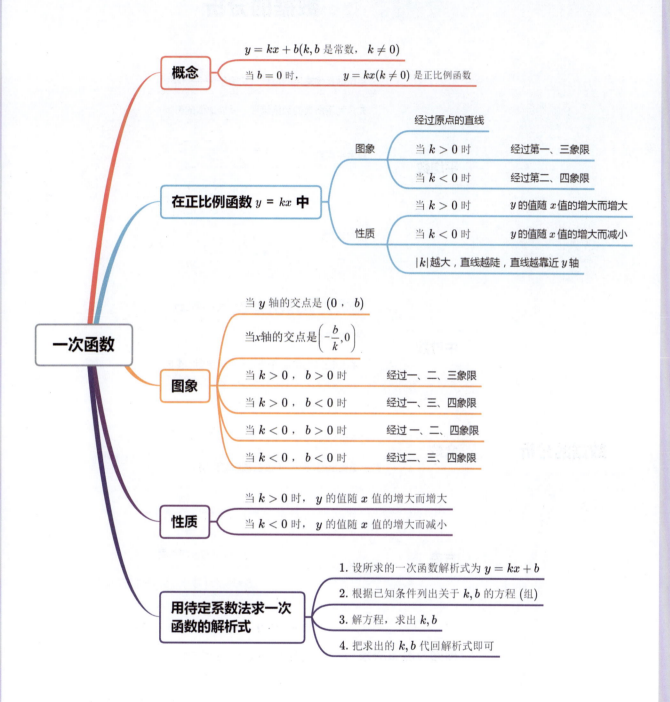

第二十章 数据的分析

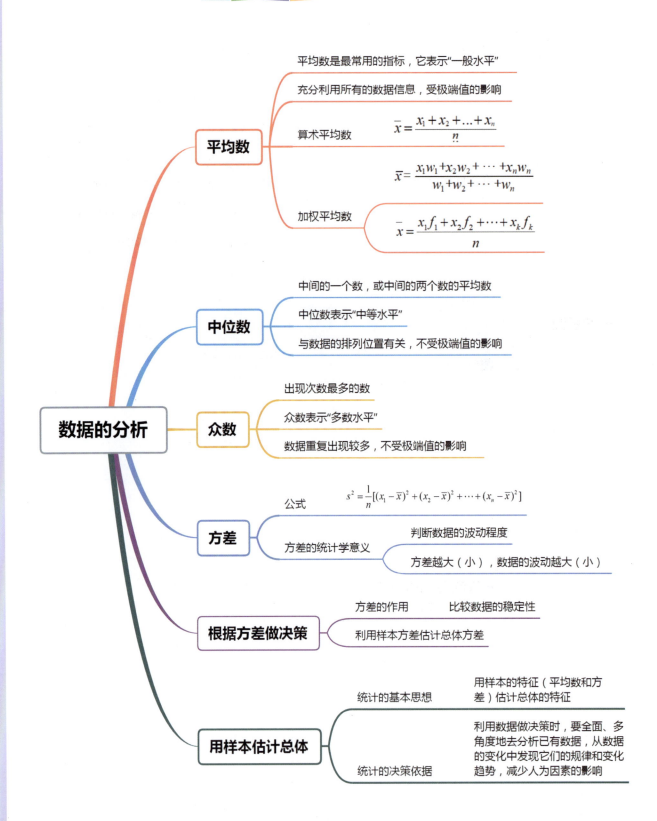

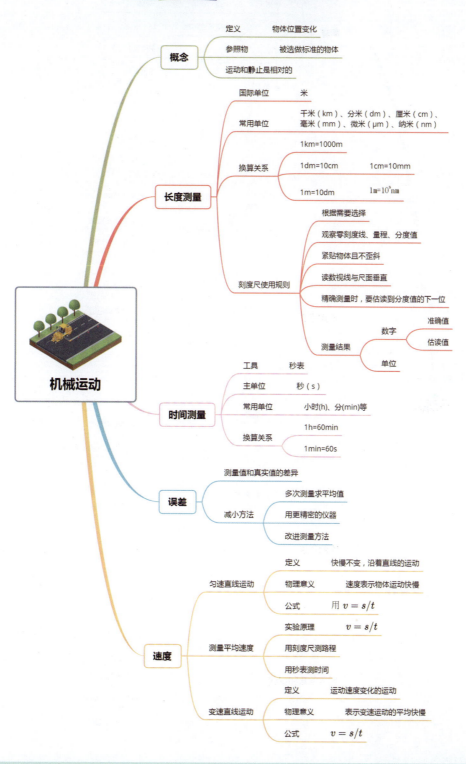

第二章 声现象

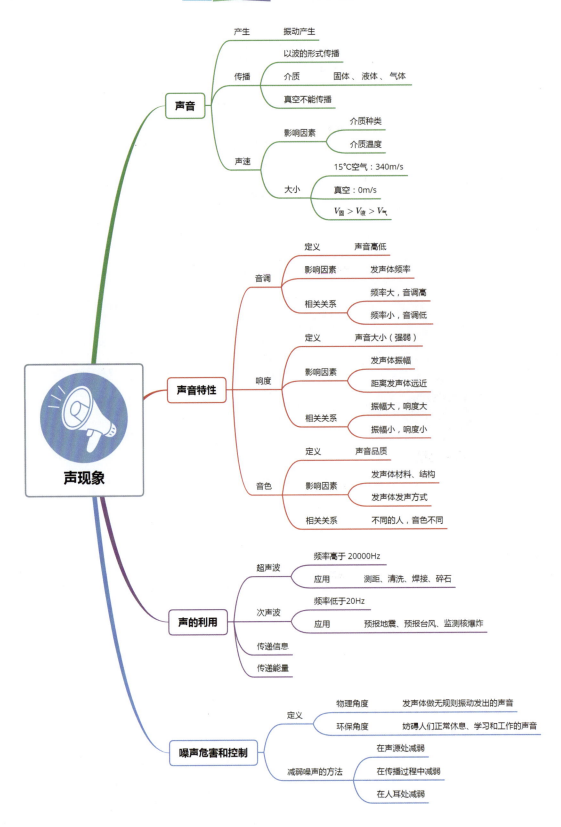

第三章 物态变化

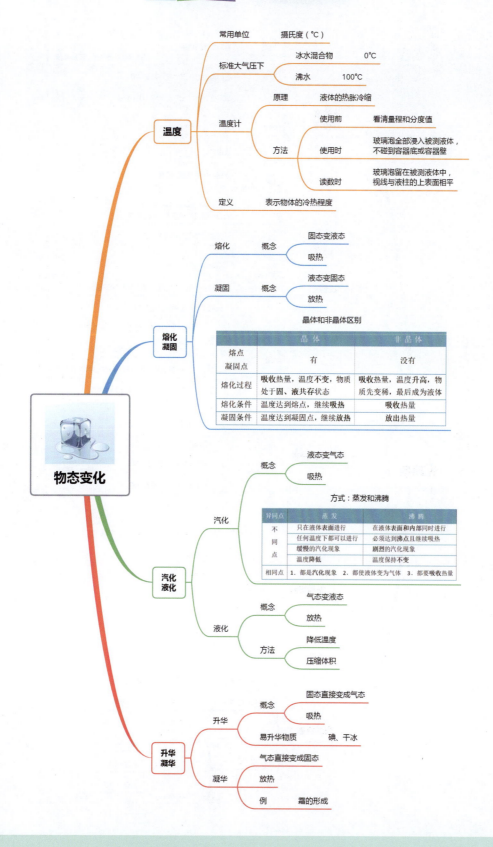

第四章 光现象

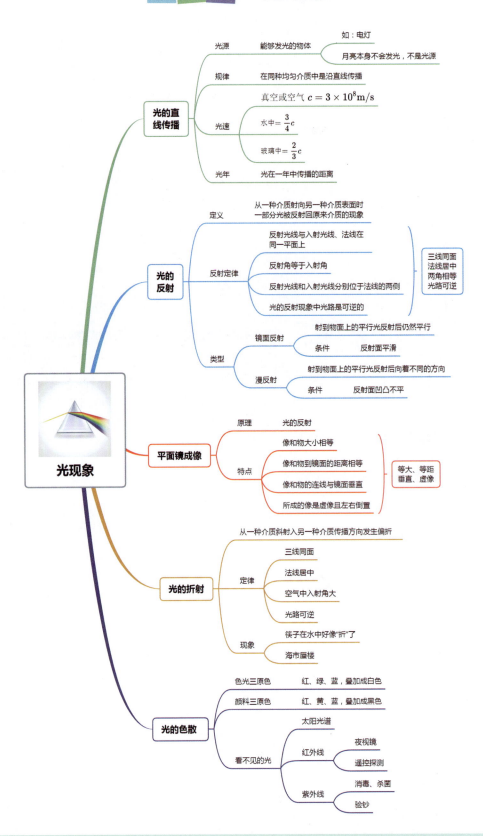

第五章 透镜及其应用

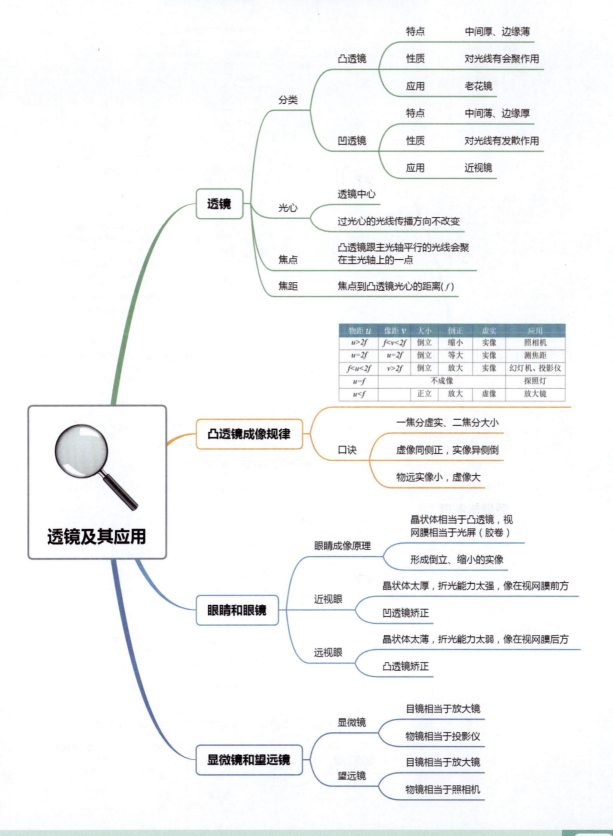

第六章 质量与密度

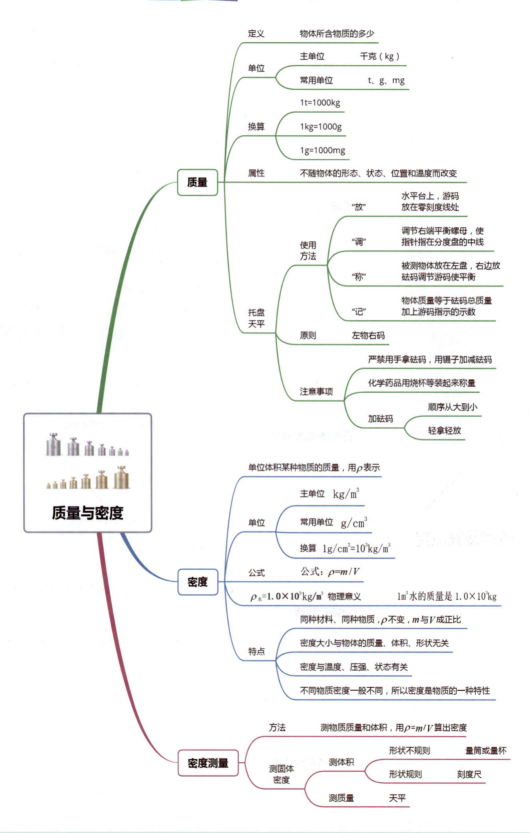

八年级下册《物理》思维导图

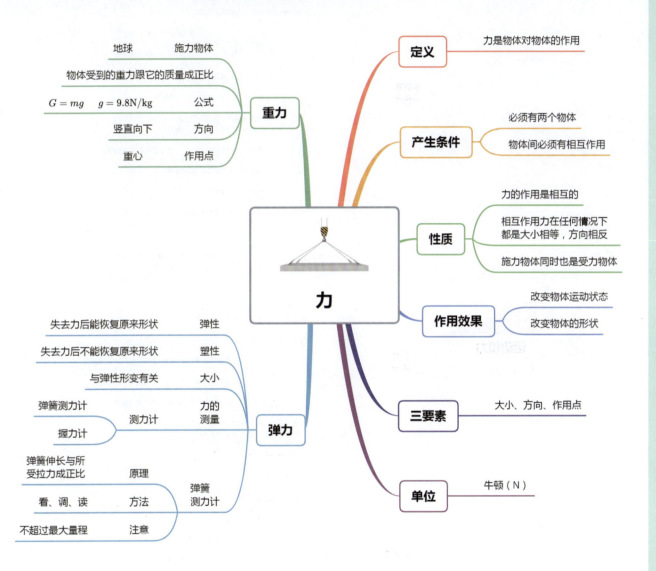

第八章 运动和力

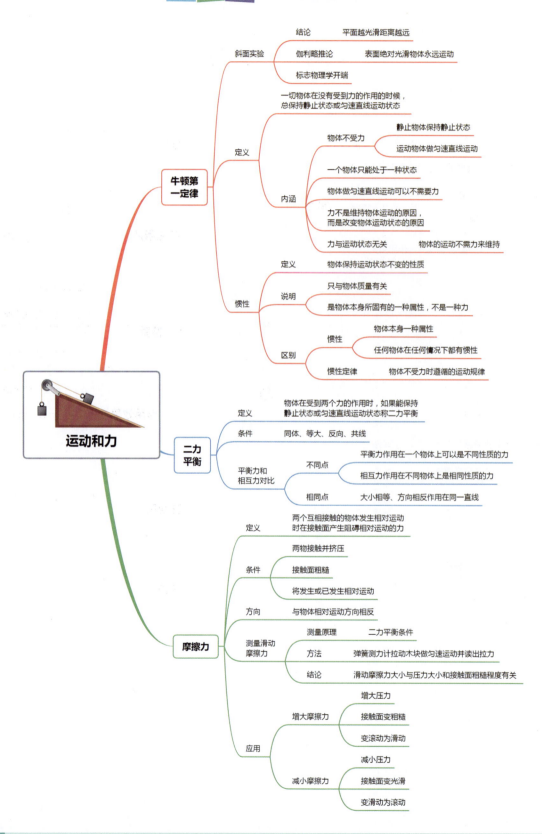

八年级下册《物理》思维导图

第九章 压强

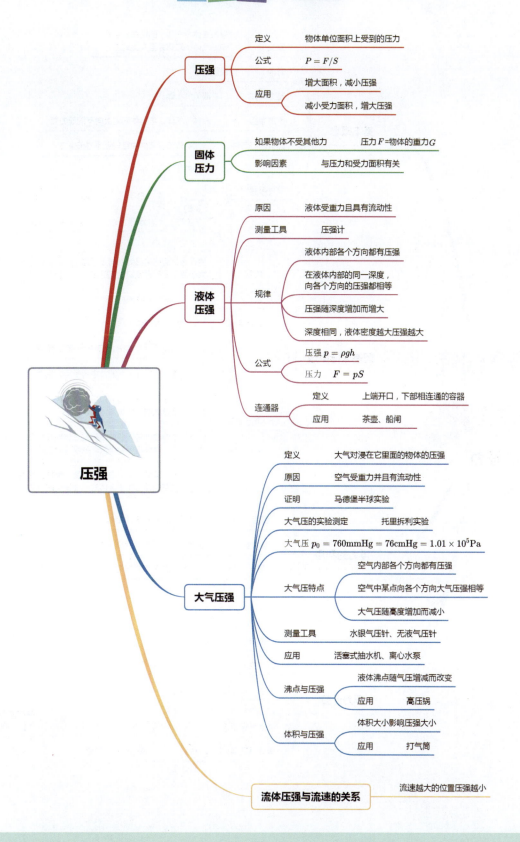

- **压强**
  - 定义：物体单位面积上受到的压力
  - 公式：$P = F/S$
  - 应用
    - 增大面积，减小压强
    - 减小受力面积，增大压强

- **固体压力**
  - 如果物体不受其他力　压力F=物体的重力G
  - 影响因素：与压力和受力面积有关

- **液体压强**
  - 原因：液体受重力且具有流动性
  - 测量工具：压强计
  - 规律
    - 液体内部各个方向都有压强
    - 在液体内部的同一深度，向各个方向的压强都相等
    - 压强随深度增加而增大
    - 深度相同，液体密度越大压强越大
  - 公式
    - 压强 $p = \rho g h$
    - 压力 $F = pS$
  - 连通器
    - 定义：上端开口，下部相连通的容器
    - 应用：茶壶、船闸

- **大气压强**
  - 定义：大气对浸在它里面的物体的压强
  - 原因：空气受重力并且具有流动性
  - 证明：马德堡半球实验
  - 大气压的实验测定：托里拆利实验
  - 大气压 $p_0 = 760\text{mmHg} = 76\text{cmHg} = 1.01 \times 10^5 \text{Pa}$
  - 大气压特点
    - 空气内部各个方向都有压强
    - 空气中某点向各个方向大气压强相等
    - 大气压随高度增加而减小
  - 测量工具：水银气压针、无液气压针
  - 应用：活塞式抽水机、离心水泵
  - 沸点与压强
    - 液体沸点随气压增减而改变
    - 应用：高压锅
  - 体积与压强
    - 体积大小影响压强大小
    - 应用：打气筒

- **流体压强与流速的关系**：流速越大的位置压强越小

第十章 浮力

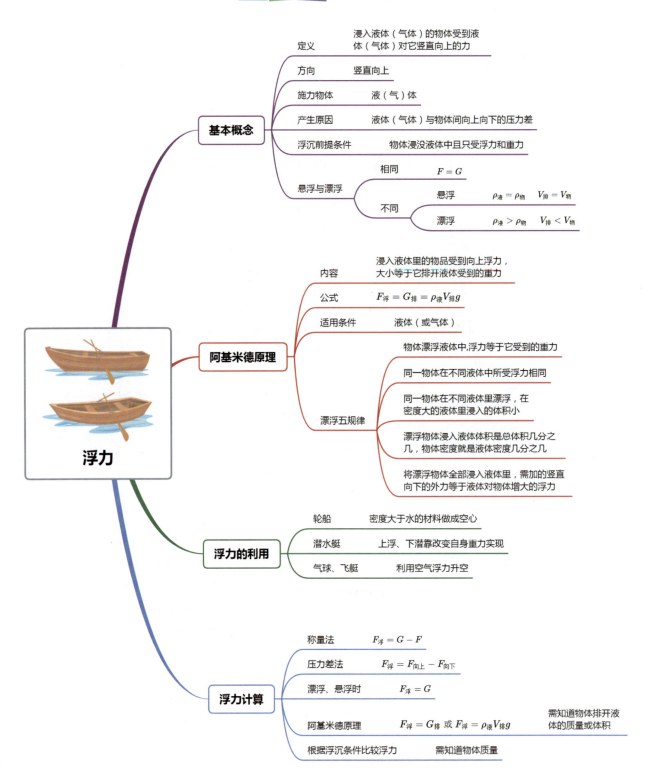

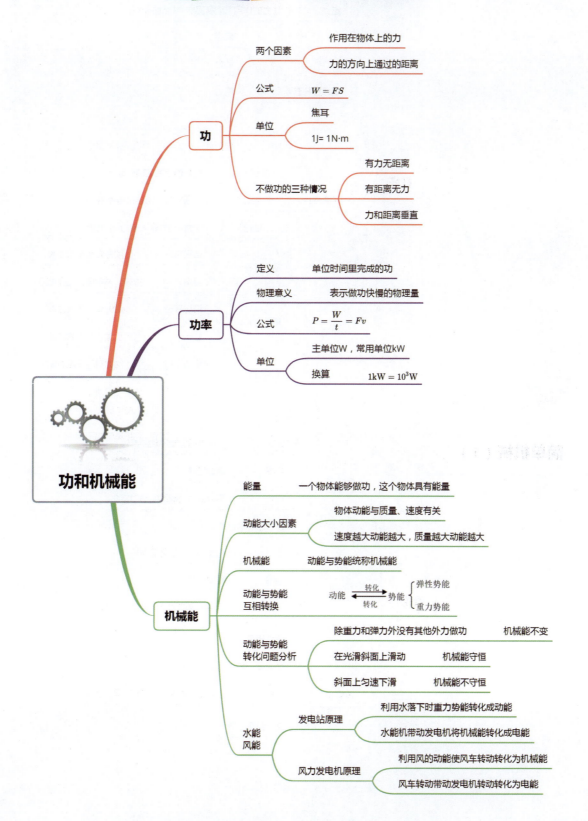

第十二章 简单机械

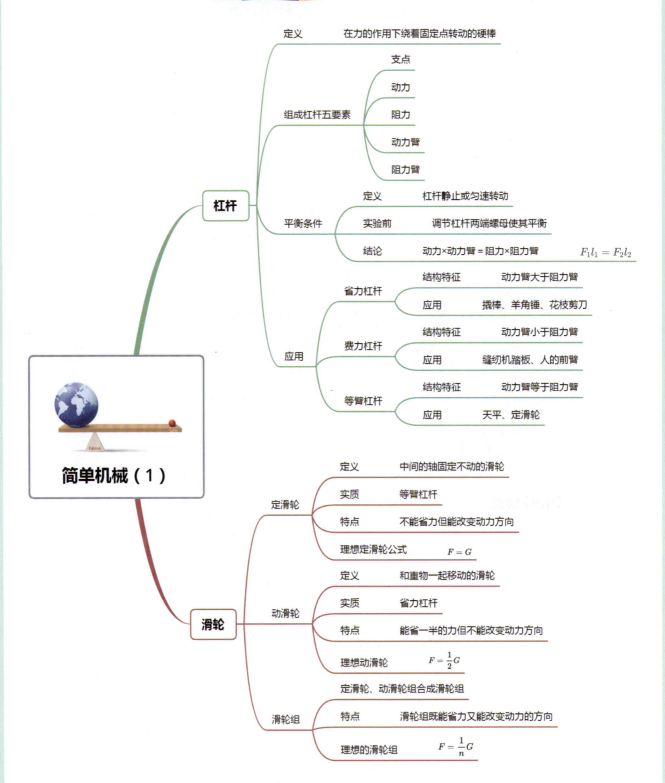

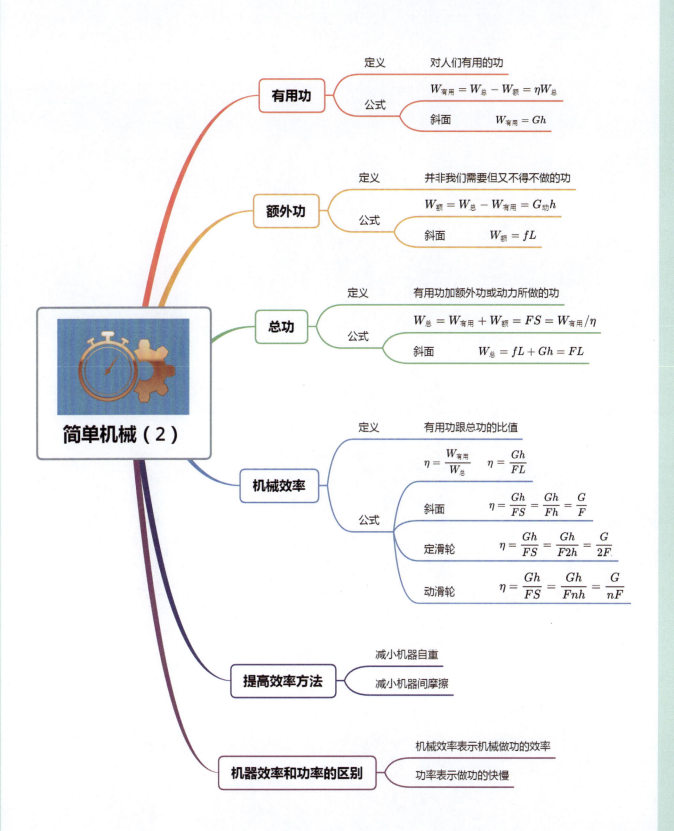